MÉMOIRE

SUR

LE CHOIX DES HOMMES

PROPRES AU SERVICE MILITAIRE

DANS L'ARMÉE DE TERRE.

A. EGRON, IMPRIMEUR

DE S. A. R. MONSEIGNEUR LE DUC D'ANGOULÊME,

rue des Noyers, n° 37.

MÉMOIRE

SUR

LE CHOIX DES HOMMES

PROPRES AU SERVICE MILITAIRE

DANS L'ARMÉE DE TERRE,

ET SUR LEUR VISITE DEVANT LES CONSEILS
DE RÉVISION;

PRÉSENTÉ

A SON EXCELLENCE MONSEIGNEUR

LE MARQUIS DE LATOUR-MAUBOURG,

MINISTRE SECRÉTAIRE D'ÉTAT AU DÉPARTEMENT DE LA GUERRE,

PAR MORICHEAU BEAUPRÉ,

Docteur en médecine, Chirurgien en chef de l'hôpital militaire
de Montmédy.

PARIS,

Chez { ANSELIN et POCHARD, Libraires pour la partie
militaire, rue Dauphine, n° 9;
F. V. GUILLEMINET, Libraire-Commissionnaire,
rue Montmartre, n° 68;

Et chez les Libraires de Médecine.

1820.

AVANT-PROPOS.

—

Il n'est point de chirurgien-major qui n'ait eu sous les yeux un plus ou moins grand nombre de preuves ostensibles des mauvaises opérations des conseils de révision, et qui n'ait pu, par conséquent, acquérir une profonde conviction des vices et des abus attachés à la manière de procéder, sous le rapport médico-légal, et en suivant le mode réglé par l'instruction sur les appels, au choix des hommes destinés à compléter l'armée, et à entretenir successivement sa force effective sur le pied établi par la loi du recrutement. Son Excellence le Ministre Secrétaire d'Etat au département de la Guerre a pu en juger elle-même, d'après les contrôles indiquant le physique et l'état de santé des hommes appelés depuis dix-huit mois sous les drapeaux, lesquels doivent lui avoir été transmis par MM. les

Lieutenans-Généraux commandant les divisions. Les annotations et les observations, nécessairement concises, apposées sur ces contrôles par les officiers de santé en chef des régimens, expriment la vérité des faits et des motifs qui y ont donné lieu, et méritent d'être prises en considération pour en tirer d'utiles conséquences. Le bien du service de Sa Majesté, et le désir de voir les intentions du Gouvernement remplies, m'ont déterminé à présenter à Son Excellence mes remarques et quelques réflexions sur ce sujet.

TABLE DES TITRES.

MÉMOIRE

MÉMOIRE

SUR

LE CHOIX DES HOMMES

PROPRES AU SERVICE MILITAIRE DANS L'ARMÉE DE TERRE, ET SUR LEUR VISITE DEVANT LES CONSEILS DE RÉVISION.

I. *Importance des bons choix en hommes pour la formation et l'entretien des régimens.*

La tranquillité de l'Etat à l'intérieur, sa sûreté à l'extérieur, la protection due aux citoyens et aux propriétés, le besoin d'une force toujours active et présente pour maintenir des droits ou repousser l'agression, ont nécessité chez toutes les nations civilisées, dans les temps anciens et modernes, la formation et l'entretien de troupes et d'armées plus ou moins nombreuses, dont une politique inquiète, ambitieuse et subversive ne s'est malheureusement que trop souvent servie pour opprimer les peuples et faire d'injustes conquêtes.

Quel que fût le mode d'appel au service, tous les hommes d'Etat ont senti qu'on ne devait admettre dans la composition d'une force armée que des individus bien organisés, et doués d'une complexion forte et vigoureuse, qui les rendît capables de supporter les fatigues de l'état militaire. Tel est le vœu constant du monarque, le sentiment du législateur, et l'esprit de la loi de recrutement en France : on ne saurait donc trop s'attacher à remplir un but aussi essentiel.

Les bons régimens font la bonne armée, et celle-ci reçoit sa principale force, dans toutes les circonstances possibles, non-seulement de l'ordre et de la discipline militaire, mais encore des excellens élémens qui la composent. Ces élémens sont des hommes doués de qualités morales et constitués pour être propres au rude métier des armes. Un chef a tout sujet alors de se féliciter et de s'enorgueillir d'avoir à commander des soldats fermes et inébranlables, sur lesquels il puisse sûrement compter ; qui, animés sans cesse par les sentimens séduisans de leur force, de l'honneur et du devoir, soient toujours prêts à obéir et à répondre valeureusement à l'attente du Roi, qui leur réserve les récompenses dues à la bravoure, à la fidélité et au dévouement.

Le courage est la vertu par essence du soldat ; il lui fait supporter avec patience, constance et résignation, les peines, les fatigues, les dégoûts et les privations dont est semée la vie militaire ; c'est un courage magnanime qui le rend invincible et le transforme en héros, en lui faisant affronter le danger et braver mille fois la mort au champ de l'honneur. Mais qui peut ignorer que cette grande et utile qualité de l'âme dépende du corps, et ne

se soutienne qu'autant que la force physique con-
serve un certain degré d'énergie sans lequel le
moral s'abat? La pusillanimité se trouve presque
toujours compagne de la faiblesse, et le feu sacré
de Mars s'éteint insensiblement ou abandonne
promptement un corps débile, amolli, vicié dans
son organisation, qui ne tarde pas à être complétement exténué par les moindres fatigues et les
plus légères privations.

Un tableau rapide du genre de vie militaire
confirmera encore mieux l'importance de faire de
bons choix parmi les jeunes gens que la loi ap-
pelle et que le sort désigne pour servir.

II. *Genre de vie militaire considéré sous le rapport de la nécessité d'être bien constitué pour le supporter.*

Il serait utile et nécessaire que les membres des
autorités civiles, que la loi charge de prononcer
sur l'admission ou l'exemption des jeunes gens
appelés à servir l'Etat, eussent une connaissance
parfaite du genre de vie que mène l'homme de-
venu soldat, de tout ce qu'il doit supporter en
temps de paix et en temps de guerre, et qu'ils
n'ignorassent point l'influence qu'exercent sur sa
santé les causes multipliées de maladie auxquelles il est fréquemment exposé. Eclairé par de
telles notions préalables, celui qui, bien logé,
bien nourri et bien vêtu, vit heureux et content,
serait forcé, par une comparaison établie entre la

vie civile et la vie militaire, de s'intéresser à la position et au sort des hommes que la nature n'a pas doués d'un bon tempérament, et de la force naturelle suffisante et absolument indispensable pour embrasser l'honorable, mais pénible profession des armes.

Il en coûte de le dire, mais il n'est que trop avéré que les membres de plus d'un conseil de révision ont à se reprocher la rigueur qu'ils ont quelquefois mise dans les choix, rigueur qui les a aveuglés sur le compte d'individus faibles et chétifs qu'ils ont exposés à devenir victimes du faux jugement prononcé sur leur validité pour le service militaire.

Le jeune homme que la loi de l'Etat arrache à son pays, à ses parens, à ses amis, et qu'elle éloigne de ses affections les plus chères pour le faire soldat, est forcé d'embrasser un genre de vie bien différent de celui qu'il menait au sein de sa famille, ou dans toute autre position avantageuse. Son début dans la carrière militaire est marqué par une commotion morale, dont les causes sont l'éloignement des lieux qui l'ont vu naître, la révolution opérée dans ses goûts et ses habitudes, le sacrifice d'une portion de sa liberté, la profonde soumission à plusieurs chefs et une obéissance muette et passive qui forment essentiellement les premiers devoirs de son nouvel état. Le changement d'alimens, une nourriture frugale et modérément substantielle, la privation d'une boisson tonique et stimulante, l'usage de l'eau, la différence des heures des repas, la gêne causée par certaines pièces de l'habillement, les exercices, les manœuvres, les factions, les corvées, la brusquerie de certains instructeurs, les abus, les petites vexations, l'amertume des reproches, les punitions injustes ou nullement proportionnées aux fautes, les excès ou les désordres par lesquels les jeunes soldats cherchent généralement à tromper l'ennui et à bannir le chagrin que leur causent leur étrange position et l'apprentissage d'un métier pénible, pour lequel ils ne peuvent encore avoir pris du goût, soumettent leur santé, pendant les premiers mois de leur arrivée au corps, à de fortes épreuves que surmontent ordinairement les sujets forts et bien organisés, mais qui laissent souvent des traces d'altérations manifestes et plus ou moins profondes, chez les individus physiquement mal disposés et d'une constitution évidemment débile.

Les causes ci-dessus énoncées, soit qu'elles agissent isolément ou simultanément, développent dans l'économie animale une susceptibilité qui prédispose les organes intérieurs à un surcroît d'irritation qui forme déjà le premier pas vers la maladie. En effet, si l'on observe attentivement les jeunes soldats, et ceux surtout naturellement faibles, on les voit dépérir chaque jour : ils sont tristes, taciturnes ; une teinte de langueur est répandue sur leur physionomie ; les yeux perdent de leur éclat et de leur vivacité ; la langue est molle et blanchâtre ; ils mangent peu, et maigrissent ; ils ont une petite toux ; le système gastrique ou le système pulmonaire devient le siége d'une irritation peu vive qui coïncide avec le décroissement graduel des forces. J'ai constamment observé ce que je viens de décrire sur les jeunes gens de faible constitution, dont la santé se détériorait encore de plus en plus, quand la nostalgie venait augmenter le danger d'un pareil état.

Si l'on jette maintenant un coup d'œil sur le soldat obligé de guerroyer, combien ne reconnoîtra-t-on pas de causes capables de porter atteinte à ses forces et de leur livrer de terribles et funestes assauts, s'il n'est pas heureusement constitué pour se conserver en santé, et sortir triomphant de la lutte qu'il n'a que trop souvent à soutenir contre de fâcheux événemens et une mauvaise fortune difficiles ou impossibles à prévoir ! Les expéditions lointaines, les longues routes, les marches forcées, les contre-marches, les bivouacs, la cruelle privation du sommeil, la fatigue et la douleur occasionnées par le poids du havre-sac, des armes, de la giberne, des munitions de guerre, des provisions de bouche et des ustensiles de campagne, les vicissitudes atmosphériques, l'inclémence des saisons, la différence des climats, le vent, la neige, la pluie, les brouillards, l'ardeur du jour, la fraîcheur de la nuit, la poussière qui s'applique sur la surface du corps, ou s'introduit dans l'estomac et les poumons, l'humidité du terrain choisi pour asseoir un camp, les vents coulis de la tente ou de la cabane, l'habitation près des lieux malsains, le genre de vie irrégulier et désordonné, la mauvaise qualité des alimens , l'obligation d'endurer long-temps la soif et la faim , le passage fréquent aux extrêmes, l'abondance succédant à la pénurie la plus complète, l'activité et l'agitation du corps, ainsi que l'émotion de l'âme un jour de combat, le carnage d'une bataille sanglante, les inquiétudes continuelles, les retraites précipitées, faites le plus souvent au milieu du désordre et de la confusion, les horreurs d'un long siége, les blessures, le séjour des prisons, des hôpitaux, la perte de ce que l'on possédait, les mauvais traitemens, la durée indéfinie de la captivité, sont autant de causes qui assiégent la santé du guerrier, affaiblissent son physique et son moral, et le prédisposent aux maladies par irritation ou par faiblesse , si communes dans les armées, et qui portent un caractère bien différent de celles que l'on observe chez les habitans des villes et des campagnes.

Or je demande à tout homme impartial, s'il ne faut pas être vigoureusement constitué et doué d'une complexion robuste pour paraître propre au service militaire. L'être que la nature n'a point favorisé originairement dans le développement de son organisation, doit finir par succomber tôt ou tard sous le poids des causes offensives qui viennent d'être énumérées. Il serait donc aussi impolitique qu'inhumain de mal composer l'armée, et le gouvernement doit veiller avec d'autant plus de raison sur sa composition, que la puissance militaire, sagement employée, devient un moyen direct de conservation et de salut dans un cas inévitable de déclaration de guerre, ou dans les circonstances difficiles et critiques où peut malheureusement se trouver un Etat sourdement travaillé par le volcan mal éteint des révolutions. Une armée perd sensiblement de sa force, quand, au moment de marcher, tous les hommes comptés sous les drapeaux ne sont point en état de porter les armes et d'entrer en campagne. J'avais déjà remarqué depuis long-temps qu'une grande partie des soldats renvoyés du service pour cause d'invalidité, abstraction faite de ceux qui l'étaient par suite de blessures, avaient apporté au corps le germe des maladies ou infirmités qui ont provoqué leur réforme, et que ce germe existait primitivement dans la délicatesse de leur tempérament et la faiblesse de leur constitution, qui auraient dû être des motifs suffisans pour les dispenser de servir. Dans la caserne, ce sont toujours les individus faibles et de mauvais physique que les chirurgiens des corps voient souvent reparaître à l'infirmerie, et auxquels ils sont forcés d'accorder de temps en temps des exemptions de service. Que l'on parcoure les hôpitaux, et l'on se convaincra encore que ce sont en grande partie les sujets que je signale, qui les peuplent, qui en sortent et y rentrent fréquemment, et finissent par présenter à la fin de l'année, sur le contrôle des régimens, un nombre étonnant de journées d'hôpital. Il est impossible, ce me semble, de rien ajouter davantage pour démontrer la vérité du principe qui doit régler le choix des hommes pour la parfaite composition des troupes.

III. *Caractères et conditions physiques d'une bonne constitution.*

Il n'est point inutile de rappeler, dans l'intérêt du sujet que je traite, quels doivent être les caractères d'une bonne constitution ; et afin d'en faire mieux ressortir l'importance et de prouver l'absolue nécessité de les trouver, sinon tous, au moins en grande partie réunis, il m'a paru convenable de leur opposer ceux qui décèlent une mauvaise constitution.

Il faudrait pouvoir choisir sur un grand nombre d'individus, pour rencontrer des hommes qui réunissent les qualités physiques qui doivent, selon Végèce, constituer l'homme de guerre. On est éloigné d'avoir la facilité et la latitude suffisante pour obtenir de pareils choix. Le service militaire est aujourd'hui en France un impôt également réparti sur les individus qui ont atteint l'âge de vingt ans, et chacun doit satisfaire à cette obligation envers l'Etat, d'après ses facultés physiques. On ne pourrait donc, sans être injuste, ne faire tomber le choix que sur l'élite des jeunes gens doués de ce physique imposant et martial, relevé par une contenance fière et menaçante, dont le même auteur nous a tracé le tableau. Il est possible cependant, sans être ni aussi exigeant, ni aussi sévère que cet historien, de faire d'excellens choix en suivant le mode assigné par la loi du recrutement, pourvu toutefois que les autorités compétentes ;

chargées de son exécution, n'opèrent point dans un sens opposé à son esprit et à sa volonté.

La fleur de l'âge, ou le moment du développement complet des facultés physiques, est sans contredit l'époque de la vie la plus favorable pour façonner au métier des armes celui que la loi ou sa propre volonté y destine. Le jeune homme est vif, fier, impétueux; rien ne l'arrête; il vole intrépidement à l'exécution ; son ardeur naturelle l'emporte vers tout ce qui peut lui fournir l'occasion de se signaler et dé mériter de la considération.

Quoique la valeur, comme le dit un ·de nos poètes, n'attende pas le nombre des années, elle trouve cependant son plus ferme soutien dans la force organique, sans quoi elle succombe. A dix-huit ans le travail de l'accroissement n'est pas toujours parfait, et les forces n'ont point acquis assez de consistance pour être mises à de rudes épreuves. A vingt ans au contraire, époque à laquelle la loi du recrutement a fixé avec raison l'appel au service, l'homme possède, au physique et au moral, un degré d'énergie qui le rend capable d'embrasser sans danger pour sa santé la profession des armes. Quand, à cet âge, le développement du corps se montre tardif, incomplet, et la constitution non encore bien affermie, il est très-présumable qu'une cause radicale a entravé la force organique. Comme l'on se trompe alors sur le compte des jeunes gens délicats et fluets que l'on envoie dans les régimens, dans l'espoir et la persuasion que leurs forces s'y développeront successivement et que leur complexion s'y fortifiera ! Ils y dépérissent au contraire, et ils ne tardent pas, peu de temps après leur incorporation, à prendre involontairement un profond dégoût pour l'état militaire. Quoique quelques exemples rares militent en faveur de l'opinion que je combats, il n'en est pas moins vrai que les chefs des corps et les officiers de santé ont eu trop de preuves irrécusables sous les yeux, pour ne pas demeurer convaincus qu'il faut se défier de la constitution des individus chez lesquels le développement n'est point dans un parfait rapport avec l'âge.

Une taille proportionnée, c'est-à-dire en harmonie avec le tronc et les membres, est celle qui convient. La taille se divise en grande, en moyenne et en petite : elle ne doit jamais être au-dessous d'un mètre cinquante-sept centimètres (4 pieds 10 pouces). Des individus de toute taille sont admissibles et nécessaires pour la composition des différentes armes auxquelles ils paraissent spécialement plus propres. Les hommes d'une moyenne stature et un peu trapus sont généralement préférables. Les hommes très-grands sont communément moins forts, à moins que le développement physique ne soit chez eux dans une proportion directe avec la taille, ce qui donne alors la première espèce d'hommes que l'on choisit de préférence pour les grenadiers, les carabiniers, les cuirassiers, les dragons et l'artillerie à cheval. On doit toujours considérer la taille dans son rapport avec l'ensemble de l'organisation. Ainsi plus la taille sera grande, ou s'éloignera de la moyenne, plus on devra insister sur la condition d'un physique robuste qu'annoncent une poitrine bien développée, et des membres épais, arrondis par une forte musculature. Une taille haute, chez un individu grêle, est l'indice d'une débilité primitive, et surtout de la faiblesse des organes de la respiration. Une petite taille, jointe à une complexion frêle et délicate, dénote aussi presque toujours une chétive constitution. J'ai souvent remarqué que les sujets organisés de la sorte faisaient rarement un bon service, qu'ils étaient fréquemment forcés de le suspendre, quoique pleins d'amour-propre et portés de la meilleure volonté.

Les caractères particuliers d'une bonne constitution, rigoureusement exigibles pour être reçu dans l'armée, me paraissent devoir être les suivans :

1°. La rectitude du corps et un port aisé;

2°. Une conformation extérieure exempte de défauts ;

3°. Une tête grosse, élevée et bien chevelue;

4°. L'œil vif et le teint un peu coloré ;

5°. Des lèvres et des gencives roses;

6°. Des dents blanches, fortes et en bon état;

7°. L'haleine douce ;

8°. La voix sonore;

9°. Une complexion forte et vigoureuse que caractérisent essentiellement :

Une peau ferme, et une belle carnation;

Une poitrine carrée, large, voûtée, sonore, mobile et se dilatant avec facilité ;

Des épaules épaisses, basses, bien effacées, et également tombantes ;

Le ventre peu saillant ;

Des parties génitales bien développées, et annonçant l'énergie virile ;

Des membres richement musclés, et des articulations réunissant la force à la souplesse ;

Des pieds maigres, secs, voûtés, et de longueur médiocre ;

Des mains fortes.

Le contraste des conditions qui sont l'apanage de la force corporelle avec les caractères qui décèlent un tempérament débile, une faible complexion, une mauvaise constitution, ou une constitution prédisposée aux maladies, est on ne peut plus frappant, et l'esprit qui le saisit bien évitera de porter un faux jugement sur les qualités physiques reconnues indispensables chez un homme pour devenir un bon soldat. Les êtres que la nature a condamnés dès leur enfance à rester faibles toute leur vie, et qui souvent ont puisé dans le sein de leur mère le germe ou la cause radicale et primitive de leur dégénérescence ou de leur mauvaise organisation, offrent, à cette époque de la vie où les individus sains et bien conformés jouissent avec confiance de leurs forces, les signes évidens d'une mauvaise constitution, que l'œil et le tact découvrent sans peine, et que je vais exposer d'une manière succincte. Ces signes sont :

1°. La maigreur générale;

2°. Le tempérament lymphatique, prononcé, surtout chez un sujet mou, blond, à peau lâche, blanche ou d'un blanc mat, tachetée de rousseurs, de couleur d'albinos;

3°. L'absence de la barbe, des poils à la poitrine, aux aisselles et aux parties génitales;

4°. Le pouls faible, peu développé et lent;

5°. Une inégalité dans les proportions et formes organiques, dépendante d'un accroissement trop rapide ou d'un vice originaire dans le développement de la charpente osseuse;

6°. Une figure efféminée;

7°. L'air triste et sombre;

8°. L'extérieur apathique;

9°. La lenteur ou l'ineptie des réponses;

10° Un défaut de rapport entre l'expression des traits de la figure, le regard et le langage;

11°. Des cheveux fins et rares;

12°. Un visage pâle ou bouffi; des joues caves et un teint blême;

13°. Des paupières tombantes, boursouflées ou bleuâtres;

14°. Les yeux chassieux ou habituellement humides;

15°. La couleur jaunâtre ou bleuâtre de la conjonctive;

16°. Les pupilles habituellement très-dilatées et se contractant lentement;

17°. Le cillement presque continuel et la difficulté de supporter une vive lumière;

18°. Le regard morne et abattu ;

19°. Des lèvres grosses, blafardes et pendantes ;

20°. Les gencives pâles, livides, engorgées ou saignantes ;

21°. Des dents sales, brunes, noires, branlantes, ou en partie cariées ;

22°. La langue molle, large et blanchâtre ;

23°. L'haleine forte ;

24°. Le cou long et grêle ;

25°. Le menton avançant sur la poitrine ;

26°. Une poitrine étroite, aplatie ou enfoncée, maigre ou décharnée ;

27°. Une voix faible, grêle ou rauque ;

28°. La respiration courte en parlant, et laborieuse au moindre exercice ;

29°. Des épaules hautes, saillantes et ailées ;

30°. Les traces de l'application de cautères et de vésicatoires sur le tronc et les extrémités des sujets qui ont une poitrine maigre et peu élevée, ce qui ne dépose pas en faveur de leur force ou de leur bonne santé ;

31°. L'abdomen très-déprimé ou saillant, mollasse ou très-dur ;

32°. Les facultés génératrices peu développées, l'absence des testicules dans le scrotum, une verge molle et flasque, le scrotum très-relâché ;

33°. Des membres très-longs, grêles, et disproportionnés avec le reste du corps ;

34°. Des membres gras et nullement dessinés, ce qui dénote un homme lourd et inactif ;

35°. Le gonflement ou l'empâtement des articulations ;

36°. Des mains maigres et des doigts effilés ;

37°. Des pieds allongés, écrasés, habituellement tendres et humides ;

38°. Des cicatrices sur diverses parties du corps, provenant d'abcès ou d'ulcères dont la cause était probablement constitutionnelle.

Les signes caractéristiques d'une faible constitution ne viennent d'être mentionnés que d'une manière générale, et abstraction faite des maladies ou infirmités qui forment la série distincte des cas d'exemption. Les officiers de santé, appelés à donner leur avis sur la bonne ou mauvaise constitution des jeunes gens, peuvent encore tirer des inductions utiles de leur profession actuelle ou antérieure : il n'est point non plus indifférent de s'assurer de leurs facultés morales. Quelques questions laconiques faites sur leur âge, leur appétit, leurs parens, les maladies auxquelles ils peuvent avoir été sujets, leur bonne ou mauvaise volonté ou disposition à servir, etc., suffiront à cet effet.

IV. *Causes des mauvaises opérations des conseils de révision.*

On ne peut arriver qu'insensiblement au perfectionnement des institutions humaines, et en s'attachant surtout à détruire les abus et les obstacles qui s'y opposent. Les causes qui m'ont particulièrement frappé et auxquelles je ne doute point qu'il ne faille attribuer le grand nombre des mauvais choix d'hommes qui ont eu lieu dans les levées opérées jusqu'à ce jour, me paraissent avoir été les suivantes :

1°. Dans un grand nombre de départemens, les chirurgiens-majors des régimens et les officiers de santé en chef des hôpitaux militaires n'ont point été appelés pour donner, conformément à l'article 57, chapitre 1ᵉʳ, titre IV, de l'instruction sur les appels, leur avis sur l'aptitude ou l'inhabilité des jeunes gens au service militaire, pour cause de maladies ou infirmités. MM. les préfets ont préféré appeler des médecins et des chirurgiens civils, parmi lesquels il a dû s'en trouver beaucoup, qui ne possédaient point une série de connaissances particulières que l'on n'acquiert qu'aux armées et dans les hôpitaux militaires, par la longue habitude de voir, de suivre, d'observer et de juger l'homme de guerre en état de santé et en état de maladie, habitude qui donne ce coup d'œil exercé et habile à saisir l'ensemble du physique et le détail de la constitution de chaque individu. L'influence des autorités civiles dans quelques chefs-lieux de département, d'arrondissement et de canton, sur les chirurgiens et les médecins, leurs administrés, l'inadvertance, l'ignorance, les promesses et les complaisances arrachées par les prières, les sollicitations, les instances, l'amitié et d'autres considérations, ont contribué à conseiller ou à laisser faire de mauvais choix. Je ne vois donc de motifs probables de la conduite de MM. les préfets qu'une crainte mal fondée que des hommes attachés au service , et particulièrement intéressés à la bonne composition des régimens , n'apportent dans leurs avis une partialité exclusivement favorable au choix ou triage des plus beaux sujets, et à l'enlèvement de la fleur de la population de leur département.

2°. Les opérations des conseils de révision ont été quelquefois conduites avec trop de rapidité ; et souvent pour les terminer dans un arrondissement, afin de pouvoir aller , en suivant l'itinéraire tracé par avance , les poursuivre le lendemain dans un autre, elles ont été prolongées fort avant dans la nuit.

3°. L'instruction sur les appels porte que les hommes de l'art donneront leur avis sur les maladies ou infirmités , seulement lorsqu'ils seront consultés. Il en est résulté que les individus, appelés dans l'ordre de leur inscription sur la liste de tirage , ont été admis sans être visités, à moins qu'ils n'eussent des infirmités apparentes, qu'ils n'en accusassent d'eux-mêmes , ou bien qu'ils ne fussent remplaçans.

4°. Quand des jeunes gens n'ont pu comparaître, au jour fixé, devant le conseil de révision pour cause de maladies qui , à en juger par les attestations présentées, les mettaient momentanément hors d'état de pouvoir être transportés , des suppléans ont été désignés, dans le doute et la présupposition de leur inaptitude au service , avant que l'on eût prononcé la libération des numéros supérieurs. Rien de mieux jusque-là ; mais les individus qui ne s'étaient pas présentés, ayant été ensuite reconnus réellement incapables de servir, ou étant

(19)

parvenus à se faire exempter d'après le résultat des informations demandées par le conseil, les suppléans ont été obligés de marcher ; et comme ces derniers n'avaient point été visités, quelques-uns d'entr'eux ont accusé alors des infirmités qui les mettaient dans l'impossibilité de servir, et pour lesquelles ils se sont empressés de réclamer l'exemption. C'est ainsi que des individus ont échappé à la loi et que les corps n'ont jamais reçu leur contingent complet.

5°. Des numéros ont été extraits, à l'époque du tirage, pour le compte des jeunes gens qui étaient absens, et que leur éloignement empêchait de se présenter devant le conseil de révision. Ceux qui reparurent après la clôture de la liste départementale, furent aussitôt signalés, et forcés de partir avec le contingent de leur département, ou bien de se rendre isolément, par détachemens, ou conduits par la gendarmerie, comme rétardataires, à la légion dont ils devaient faire partie ; mais toujours sans avoir été juridiquement visités. Telle est une des causes qui ont augmenté le nombre des infirmes dans les corps. Je présenterai pour la réforme, à la prochaine inspection, un jeune soldat de la classe de 1818, atteint d'épilepsie constatée, qui se trouvait au banc de Terre-Neuve, au moment du tirage, et qui n'a pu par conséquent être admis à justifier de sa cruelle maladie (1).

(1) J'ai cessé de faire partie de la légion de la Manche pendant l'impression de ce Mémoire ; ainsi mon successeur sera chargé de cette présentation.

6°. Les membres des conseils de révision ont refusé, dans plusieurs circonstances, de s'en rapporter à l'avis motivé des hommes de l'art : des doutes craintifs et mal éclairés , des apparences trompeuses , des idées peu exactes et l'amour-propre ont fait porter un jugement faux et contradictoire , dans des cas obscurs de maladies réelles que les officiers de santé pouvaient seuls apercevoir, et juger de nature à faire exclure du service les individus qui en étaient atteints.

7°. Il s'est souvent élevé un conflit ou une dissidence d'opinions entre les membres de la partie civile et ceux de la partie militaire du conseil. MM. les intendans militaires représentant le ministère, MM. les colonels , les lieutenans-colonels et les majors de régimens, désignés pour suivre les opérations du recrutement , se sont plusieurs fois opposés à l'admission d'hommes que l'avis des officiers de santé et leur propre conscience les portaient à rejeter; leurs observations et leurs réclamations demeuraient impuissantes : étant les moins nombreux , ils s'efforcèrent vainement de faire triompher la vérité. Tantôt des jeunes gens très-aptes à servir ont été exemptés, tantôt, et c'est ce qui est arrivé le plus souvent, des individus évidemment inadmissibles ont été déclarés propres au service. Il est donc de toute justice de ne point imputer à MM. les intendans et les officiers supérieurs qui ont assisté aux opérations des levées, les mauvais choix effectués jusqu'à ce jour, et de rendre hommage à leurs bonnes intentions pour l'excellente composition des troupes.

8°. D'autres fois les conseils de révision n'ont point été suffisamment éclairés par les médecins ou les chirurgiens consultés, dont les doutes, l'indécision, le défaut de savoir, l'inexpérience ou l'embarras pour prononcer affirmativement ou négativement, dans certains cas de maladies cachées, peu apparentes, douteuses, artificielles ou simulées, ont laissé fluctuante l'opinion du conseil, qui s'est enfin déclarée contre l'individu, tandis qu'elle aurait dû lui être favorable, et *vice versâ*.

9°. L'avis des hommes de l'art n'a point prévalu aussi dans quelques occasions, parce que certaines maladies ou infirmités rares et particulières, qu'ils avaient jugé devoir exempter du service militaire, n'ont point été trouvées désignées dans l'instruction incomplète sur les motifs d'exemption, publiée, il y a déjà long-temps, par le conseil de santé.

10°. Les renseignemens demandés et exigés relativement aux maladies douteuses, simulées ou difficiles à constater, ont été, dans plusieurs cas, faux, illusoires et insuffisans. Lorsque les jeunes gens dont les numéros n'avaient point encore été appelés, ou les proches de ces mêmes jeunes gens, ont été interpellés par M. le président du conseil de dire, s'il était à leur connaissance que l'individu qui accusoit une maladie ou une infirmité de nature à le dispenser du service militaire, en fût atteint réellement et depuis long-temps, on a généralement remarqué que très-peu de voix s'élevaient pour ou contre, et que les réponses aux interpellations étaient pour la plupart évasives ou contradictoires. Alors, pour trancher la difficulté et éviter la déception, le conseil déclarait, à tort ou à raison, l'individu propre au service. Le silence, la réticence, les détours pris pour ne point dire la vérité, la ferme intention de la taire, soit que la maladie fût vraie, soit qu'elle fût simulée ou factice, provenaient évidemment de ce que les jeunes gens et leurs parens ne voulaient ni dévoiler le faux, ni accuser le vrai, tantôt pour ne point trahir l'amitié ou se faire des ennemis dans leur commune, tantôt parce que les individus venant à marcher, sauf à être exemptés plus tard pour cause de motifs légitimes d'infirmité, il y avait alors plus de chances favorables pour la libération des numéros subséquens, surtout lorsque la liste de tirage d'un canton touchait à sa fin. Les maires des petites communes n'ont eux-mêmes répondu le plus souvent aux interpellations qui leur ont été faites en pareil cas, que par des ambiguités, des déclarations vagues et des paroles obligeantes, qui voilaient leur secrète pensée, et qui étaient toujours plus favorables à l'intérêt particulier qu'à celui de la justice et de la vérité.

11°. La ruse et la dissimulation ont fait plus d'une fois alliance avec l'intérêt pécuniaire, ou elles ont été mises en œuvre par d'autres moyens de corruption. Des jeunes gens réellement atteints de maladies qui les auraient fait exempter de droit, se sont bien gardés de les accuser, et ils y étaient engagés par ceux qui avaient des numéros supérieurs, ou bien par leurs parens, qui, de cette manière, voyaient se mieux fonder leur espoir que ces numéros ne seraient point atteints, et qu'ils seraient probablement libérés.

12°. L'empressement manifeste à compléter le contingent assigné à chaque canton, sans trop avancer dans la série des numéros, a trahi le motif de l'autorité civile, et prouvé que, pour rendre un hommage public au principe libéral de la loi du recrutement, elle désirait libérer un grand nombre d'individus, tandis que la sévérité dans les choix aurait permis d'atteindre de préférence dans l'ordre des numéros suivans, surtout quand les listes nombreuses de canton en donnaient la facilité, les hommes forts, robustes et bien constitués, que la manière d'opérer a exclus au détriment de l'armée, et aux dépens d'individus bien moins propres à servir, qui ne réunissaient pas les conditions physiques essentielles pour faire de bons soldats.

13°. Les remplacemens ont fourni beaucoup de mauvais sujets, et sur ce point la religion des membres des conseils de révision a été grandement surprise et trompée. Des maires, peu soucieux de vivre en paix avec leur conscience, ont délivré, sans la moindre répugnance, des certificats de bonne vie et mœurs à des individus immoraux dont ils étaient charmés de purger leur commune, et ils se sont étourdis sur les résultats de leur coupable complaisance et d'une pareille infraction à la vérité. C'est ainsi que des vauriens, des individus tarés et des repris de justice ont été acceptés pour remplaçans.

V. *Preuves des mauvaises opérations des conseils de révision, et en particulier de celui du département de la Manche.*

La loi du recrutement exprime hautement que les conseils de révision n'admettront que des hommes exempts de maladies ou d'infirmités capables de les empêcher de servir. Cette vérité positive doit et aurait dû servir de règle pour le bon choix des recrues; mais elle n'a été ni assez appréciée, ni assez profondément sentie par la majeure partie des membres composant les conseils de révision; son oubli même a été une des causes de l'introduction dans les corps d'une foule d'hommes débiles et infirmes, qui ont considérablement coûté à l'État en frais de solde, de nourriture, d'habillement et de journées d'hôpitaux, sans lui avoir rendu aucun service. Le nombre en a été porté à huit mille dans le tableau statistique de l'armée, publié dans les journaux en janvier 1820; mais, à cette époque, tous les documens improbatifs des opérations de la dernière levée n'étaient point encore parvenus au ministère de la guerre. Une partie des sujets invalides a été déjà renvoyée; mais il en reste encore beaucoup à faire disparaître de l'effectif des corps. C'est dans les motifs des réformes qui ont étonné avec raison MM. les inspecteurs généraux d'armes, qu'il faut puiser les preuves ostensibles des mauvaises opérations de la levée des hommes appartenant aux classes de 1816, 1817 et 1818. J'affirme que le nombre des jeunes soldats réformés eût été bien plus considérable, si MM. les inspecteurs, craignant sans doute de trop le grossir, n'eussent pas refusé d'accepter tous les individus qui leur ont été consciencieusement présentés comme impropres à faire un bon service. S. E. le ministre de la guerre a dernièrement donné, par un motif d'économie bien entendu, les ordres nécessaires pour que les corps fussent débarrassés de suite des hommes malades ou infirmes de la dernière levée, reconnus incapables de servir, et comme étant véritablement inutiles et à charge à l'Etat.

Les levées des trois classes ci-dessus mentionnées ont fourni à la première légion de la Manche 1061 hommes, dont 393 remplaçans et 668 jeunes soldats qui, au fur et à mesure de leur arrivée au régiment, furent tous visités nus de la tête aux pieds. Sur ce nombre, 48 remplaçans et 91 jeunes soldats reconnus incapables de servir, ou impropres à faire réellement et strictement un bon service, ont présenté au moment de leur incorporation l'état physique ou les maladies et infirmités assignées à chacun d'eux sur l'état nominatif que je vais en donner. Je suis si pénétré de l'esprit qui doit diriger le choix des hommes, tant pour avoir de bonnes troupes que pour éviter des dépenses inutiles et onéreuses à l'Etat, que je n'aurais point hésité, si j'eusse été appelé au conseil, à les juger presque tous dans le cas de l'inadmission ; car, et je regarde ceci comme une chose importante à faire remarquer, il est bien moins facile de faire accepter pour la réforme à MM. les inspecteurs d'armes, les soldats faibles et d'un mauvais physique, qui n'ont point toujours une maladie apparente ou bien caractérisée, et qui cependant sont connus et notés par les chirurgiens majors et les capitaines des compagnies, comme des hommes d'une complexion frêle, et faisant un mauvais service ; qu'il n'eût été au pouvoir des conseils de révision, et conforme aux principes de toute bonne composition de troupes, d'user pleinement de la faculté et de la latitude accordées par la loi, pour rejeter ces sujets chétifs, médiocres ou de mince apparence, qui ne font et ne peuvent jamais faire que de tristes soldats.

ETAT des hommes de nouvelle levée incorporés dans la légion de la Manche jusqu'au 1.er janvier 1820, indiquant les maladies ou infirmités dont ils étaient atteints à leur entrée au corps.

NOMS (*) et PRÉNOMS.	CLASSES.	ETAT PHYSIQUE, MALADIES ET INFIRMITÉS.
		REMPLAÇANS.
M. J.-L.	1816	Difformité à l'épaule gauche résultant d'une fracture de la clavicule, dont un des fragmens forme un angle très-aigu.
C. P.-J.	1816	Fluxion chronique et habituelle sur les yeux, suite de la variole.
B. N.	1816	Eraillement de la paupière inférieure du côté droit, avec chute des cils et larmoiement. Visage hideux, mutilé par la variole.
E. B.-E.	1816	Dents supérieures et inférieures altérées par la carie. Petite taille et mauvaise conformation générale; physique tout à fait désavantageux. Idiotisme.
H. F.-R.	1816	Faible constitution; tempérament ruiné.
L. J.-B.	1816	Varices volumineuses à la jambe droite.
Y. F.	1816	Poitrine faible; toux catarrhale habituelle.
L. É.	1816	Atrophie de l'œil droit; perte presque totale de l'usage de l'œil gauche.
R. P.	1816	Fièvre quarte, chronique, avec lésion organique des viscères abdominaux.
M. Y.-M.	1816	Albugo sur l'œil gauche obscurcissant beaucoup la vue; faiblesse de l'œil droit.
S. P.-L.	1816	Idiot, butor, tout à fait inepte au service.
D. L.-C.	1816	Hernie inguinale du côté gauche.
M. J.-L.	1816	Dartres au nez et à la lèvre supérieure; cicatrices dartreuses sur le cou.

(*) Je n'indiquerai, pour raison de convenance, que les lettres initiales des noms et prénoms.

NOMS et PRÉNOMS.	CLASSES.	ETAT PHYSIQUE, MALADIES ET INFIRMITÉS.
B. J.	1816	Relâchement de la paupière supérieure de l'œil gauche.
L. J.-P.	1816	Dépilation du sommet de la tête.
L. J.-P.	1816	Faible constitution jointe à une petite stature ; physique désavantageux. Idiotisme.
D. É.	1816	Asthme et vomissement habituel. Constitution délabrée.
H. G.	1816	Mauvaise conformation ; dos voûté.
D. A.	1816	Fluxion habituelle sur les yeux, avec chute des cils.
R. J.	1816	Faible complexion. Dents en mauvais état.
T. H.-J.	1816	Varices à la jambe droite. — Dyspnée. — Sujet mou.
H. P.	1816	Constitution délabrée ; poitrine faible, à la suite d'hémoptysies. Jambes un peu arquées en dehors.
P. J.	1816	Fluxion chronique et habituelle sur les yeux.
B. L.	1816	Myopie confirmée. Perte de la presque totalité des dents par la carie. Varices volumineuses aux jambes.
L. L.	1816	Abcès scrofuleux qui a donné lieu à un ulcère compliqué de la carie de la côte correspondante. Constitution scrofuleuse ; anciennes cicatrices qui le prouvent.
H. L.	1816	Tempérament mou. Forte dyspnée. — Pieds mal conformés, longs, très-plats ; malléoles internes très-saillantes.
T. J.	1816	Faible constitution ; disposition à la phthisie pulmonaire. Sujet délicat.
M. F.	1816	Faible constitution ; tempérament ruiné.
L. A.	1816	Epaule gauche très-basse.
B. M.	1817	Sujet mou, lymphatique, inactif.
B. F.-R.	1817	Myopie constatée.
B. B.	1818	Hémorroïdes internes, volumineuses, sortant par paquets.
G. J.	1818	Palpitations de cœur accompagnées de forte dyspnée.

NOMS et PRÉNOMS.	CLASSES.	ETAT PHYSIQUE, MALADIES ET INFIRMITÉS.
L. L.-A.	1818	Palpitations de cœur accompagnées de forte dyspnée. Perte de l'usage de l'œil gauche. Strabisme. Cicatrices scrofuleuses et peu solides au cou.
L. J.	1818	Faible complexion.
S. E.	1818	Epaule gauche plus basse que celle du côté droit. — Poitrine étroite; trace d'un cautère au bras. Cicatrices scrofuleuses sur le cou. Fluxion chronique sur l'œil droit. Dartres.
B. J.-F.	1818	Petite taille et chétive complexion.
T. P.	1818	Faible complexion; poitrine étroite.
T. J.	1818	Faible constitution; mauvaise conformation générale.
L. F.	1818	Faible constitution; poitrine rétrécie; épaule droite plus basse que celle du côté gauche; légère déviation des genoux en dedans; pieds très-plats; grosses malléoles.
R. D.-A.	1818	Varices volumineuses et multipliées à la jambe droite.
G. J.	1818	Homme lourd et mal conformé. Ventre saillant. Pieds très-plats; gros orteil du pied droit dévié, et croisant la direction des autres doigts.
R. F.	1818	Taille élancée; poitrine étroite; trace d'un vésicatoire au bras. Epilepsie constatée, dissimulée.
B. J.-P.	1818	Faible constitution.
L. B.-J.	1818	Constitution un peu faible; poitrine étroite.
P. P.-T.	1818	Petite stature; faible complexion.
C. P.-M.	1818	Faible complexion.
L. J.	1818	Faible complexion; poitrine étroite.

JEUNES SOLDATS.

NOMS et PRÉNOMS.	CLASSES.	ETAT PHYSIQUE, MALADIES ET INFIRMITÉS.
B. A.	1816	Hernie inguinale du côté droit.
L. A.	1816	Varices à la jambe droite.
M. J.	1816	Hydro-circocèle.

NOMS et PRÉNOMS.	CLASSES.	ETAT PHYSIQUE, MALADIES ET INFIRMITÉS.
D. J.-B.	1816	Varicocèle considérable, dissimulé.
G. J.-B.	1816	Difformité et gonflement chronique de l'articulation du pied avec la jambe droite.
L. J.	1816	Faible complexion. Fluxion chronique sur les yeux ; vue faible ; pupilles dilatées et peu mobiles.
G. L.-F.	1816	Maigreur générale ; faible constitution jointe à une petite stature.
D. L.	1816	Maigreur générale ; faible constitution, jointe à une petite stature ; trace d'une ancienne fracture de la jambe gauche.
J. P.	1816	Tache sur l'œil droit ; rougeur et sensibilité habituelle des yeux.
H. R.	1816	Constitution radicalement faible. Dents presque totalement détruites par la carie.
G. G.	1816	Mains volumineuses, engorgées et sujettes aux engelures. Pieds écrasés.
L. L.	1816	Faible constitution jointe à une petite stature.
G. R.	1816	Mauvaise conformation ; épaule droite plus basse que la gauche ; hanche gauche saillante.
L. L.	1816	Faible constitution, jointe à une petite stature.
L. H.	1816	Palpitations de cœur devenant plus fortes au moindre exercice.
D. A.	1816	Faible constitution.
L. J.-H.	1816	Varices considérables à la jambe gauche.
J. J.	1816	Palpitations de cœur augmentant avec dyspnée au moindre exercice.
L. J.-F.	1816	Teigne granulée.
C. J.	1816	Varicocèle considérable.
N. F.	1816	Gonflement chronique de l'articulation de chaque pied avec la jambe ; difformité des malléoles.
D. L.-C.	1816	Idem.
B. A.	1816	Faible constitution jointe à une petite stature.
S. J.-B.	1816	Tache ou albugo sur l'œil droit, obscurcissant presque totalement la vue.

NOMS et PRÉNOMS.	CLASSES.	ETAT PHYSIQUE, MALADIES ET INFIRMITÉS.
M.. F.	1816	Difformité de l'extrémité inférieure gauche; le genou déjeté en dedans et le pied en dehors; claudication habituelle.
L. L.-N.	1816	Sujet à de fréquentes hémoptysies et hémorrhagies nasales qui ont affaibli sa constitution.
F. J.-B.	1816	Varices considérables à la jambe gauche; varices commençant à la jambe droite.
D. J.-B.	1816	Mauvais physique; petite taille; foible complexion.
J. M.	1816	Sujet apathique, d'une faible constitution.
B. É.	1816	Faible complexion; taille alongée; poitrine aplatie; disposition manifeste à la phthisie pulmonaire.
V. P.	1816	Flexion permanente de l'indicateur de la main droite, à la suite d'un ulcère qui intéressoit l'articulation de la seconde phalange avec la troisième.
T. F.	1816	Varices à la jambe gauche.
L. B.-M.	1816	Gale invétérée.
J. A.	1816	Courbure de la partie inférieure de l'épine, et saillie considérable de la hanche droite.
Q. N.	1817	Varices volumineuses à la jambe droite.
L. C.-T.	1817	Mauvais physique; dents presque toutes cariées et détruites; perte des incisives et des canines de la mâchoire supérieure.
H. P.	1817	Perte de la première phalange du pouce de la main droite.
B. J.-B.	1817	Teigne muqueuse.
T. M.	1817	Inflammation chronique des paupières.
L. N.-L.	1817	Constitution faible; maigreur. — Taille élancée. — Menacé de phthisie pulmonaire.
R. G.	1817	Surdité constatée.
C. É.	1817	Engorgement considérable et permanent de l'articulation tibio-tarsienne du pied droit.
O. A.	1817	Petite taille; physique peu avantageux; longue cicatrice transversale et adhérente aux tendons de la face dorsale du pied.

NOMS et PRÉNOMS.	CLASSES.	ETAT PHYSIQUE, MALADIES ET INFIRMITÉS.
D.		
A. M.	1817	Sujet à de fréquentes hémoptysies et hémorrhagies nasalles.
M. G.	1817	Fortes palpitations de cœur.
T. L.	1817	Trois cicatrices adhérentes à la partie moyenne de la jambe gauche, gênant la progression.
L. R.	1817	Engorgement dur et chronique du testicule gauche.
L. P.-F.	1817	Dartres invétérées aux cuisses.
H. P.-J.	1817	Dents en très-mauvais état, celles de la mâchoire supérieure en grande partie détruites.
L. J.-B.	1817	Sujet maigre; taille élancée; poitrine aplatie; complexion peu forte.
M. L.	1817	Constitution molle, scrofuleuse.
L. P.	1817	Constitution atonique et presque scorbutique; jambes violacées et sujettes à l'engorgement et aux exulcérations.
A. J.-G.	1817	Dartres à une jambe. Fluxion chronique, séreuse sur l'œil droit.
G. P.-T.-A.	1817	Gale invétérée.
J. A.	1817	Faible complexion jointe à une petite stature.
L. P.-H.	1818	Faible constitution. — Taille élancée. — Vue faible. — Perte des cils à la suite d'une inflammation palpébrale, chronique.
R. J.-B.	1818	Flexion permanente de l'avant-bras droit.
C. J.-B.	1818	Rétraction permanente du gros orteil de chaque pied.
D. M.	1818	Faible constitution; taille élancée; poitrine rétrécie; membres alongés et un peu grêles; disposition manifeste à la phthisie pulmonaire.
L. G.	1818	Varices multipliées à la jambe gauche.
L. J.-L.-M.	1818	Faible constitution; corps un peu arqué; pieds plats.
L. B.-F.	1818	Faible constitution; poitrine étroite; genoux déjetés en dedans; pieds plats; pied gauche très-difforme.
L. A.	1818	Sommet de la tête presqu'entièrement dépilé.

NOMS et PRÉNOMS.	CLASSES.	ETAT PHYSIQUE, MALADIES ET INFIRMITÉS.
L. J.-F.	1818	Jambes arquées.
G. J.-B.-B.	1818	Faible complexion.
L. J.-B.	1818	Constitution radicalement faible ; petite taille ; parties génitales très - peu développées ; atrophie des testicules ; pieds mal conformés ; formes féminines.
D. J.-B.-F.	1818	Faible complexion. Pieds très-plats.
C. J.-L.	1818	Faible complexion. Poitrine un peu étroite.
H. H.	1818	Ophthalmie chronique ; tache ou albugo sur chaque œil.
L. C.	1818	Dartre invétérée sur la poitrine ; son déplacement par l'effet d'un traitement administré dans un hôpital civil a déterminé la perte de l'usage de l'œil droit.
D. P.	1818	Mauvaise conformation des extrémités inférieures ; genoux très-déjetés en dedans ; rétraction des deux derniers doigts de la main droite, et contorsion de la même main en dehors.
B. P.-P.-F.	1818	Faible constitution.
H. C.	1818	Faible complexion ; poitrine étroite.
J. J.-M.-T.	1818	Varices volumineuses et multipliées sur la jambe gauche.
T. J.-F.	1818	Myopie bien constatée.
D. L.	1818	Faible complexion ; poitrine étroite.
M. J.-S.	1818	Idem.
O. J.-F.	1818	Idem.
O. J.	1818	Idem.
G. P.-T.	1818	Surdité bien constatée.
L. A.	1818	Hernie inguinale du côté gauche, dissimulée.
P. S.	1818	Fluxion chronique et habituelle sur l'œil droit.
G. D.	1818	Faible constitution.
M. A.-J.-F.	1818	Idem.
H. J.	1818	Epilepsie constatée.
D. F.	1818	Pieds plats. Varices assez volumineuses à la région poplitée de l'extrémité inférieure gauche. Forte rétraction ou courbure du second orteil du pied droit.

NOMS et PRÉNOMS.	CLASSES.	ETAT PHYSIQUE, MALADIES ET INFIRMITÉS.
D. J.-B.	1818	Ecoulement purulent par l'oreille droite.
F. G.	1818	Faible complexion ; mauvaise conformation des extrémités inférieures ; articulations des genoux extraordinairement grosses et arrondies ainsi que celle du pied gauche avec la jambe ; pieds plats.
A. P.	1818	Mauvaise conformation des pieds ; déviation du gros orteil en dehors ; forte saillie de l'articulation, formée par les extrémités du premier os du métatarse et de la première phalange du gros orteil.
V. M.	1818	Faible complexion ; irritation chronique de l'organe pulmonaire ; traces anciennes et profondes de l'application d'un cautère à chaque bras, qui a intéressé complétement l'épaisseur des parties molles, et laissé des cicatrices larges et adhérentes.
L. J.-L.	1818	Pieds très-plats ; vice de conformation du pied gauche ; saillie marquée de l'os scaphoïde.

VI. *Meilleure conduite des opérations des conseils de révision, relativement à l'admission des jeunes gens au service militaire, ou à leur exemption pour cause de maladies ou infirmités.*

Il appartient à l'autorité supérieure de faire les changemens qu'elle jugera nécessaires au dispositif de l'instruction sur les appels, et de donner des ordres ou d'adresser des instructions réglementaires, afin que les vices et les abus aperçus dans les opérations des conseils de révision disparaissent le plus promptement possible. Je vais indiquer quelques moyens que je crois utiles pour y parvenir.

1°. TENUE DES SÉANCES DES CONSEILS DE RÉVISION.

Elles ne devraient se tenir que le jour, et jamais aux lumières dont la lueur ne permet pas de bien juger l'état physique du corps, et de reconnaître certains vices ou certaines maladies peu apparentes. J'ai visité au régiment deux soldats qui ont été admis à la lumiere, et qui sont atteints d'affections des yeux qu'on n'a point remarquées.

2°. COMPOSITION DES CONSEILS DE RÉVISION.

Il paraîtrait convenable , tant pour le balancement des opinions que pour le soutien des intérêts, qu'il entrât dans la composition d'un conseil de révision un nombre égal de membres des autorités civiles et des autorités militaires. M. l'intendant militaire , spécialement chargé de l'exécution de

la loi, pourrait prendre voix délibérative toutes
les fois que les opinions seraient également parta-
gées pour le rejet ou l'admission, indépendamment de la faculté qui lui est accordée de protester
contre les mauvais choix, et de requérir l'inscription
sur le procès-verbal de la séance, du motif de la
récusation spontanée qu'il peut faire de tout individu reconnu par les officiers de santé inhabile au
service militaire, et que le conseil aurait déclaré
capable de servir. Chaque annotation de ce genre
devrait être revêtue de sa signature.

3°. APPEL DES OFFICIERS DE SANTÉ.

MM. les chirurgiens et médecins militaires doivent toujours être appelés au conseil de révision
pour les motifs que j'ai déjà exposés, et auxquels
j'ajouterai celui de l'économie. Il suffira sans doute
que Son Excellence le ministre de la guerre rap-
pelle à MM. les préfets qu'ils ne doivent point élu-
der la recommandation expresse qui leur en a été
faite. Comme il pourroit arriver qu'à l'époque de
la tenue du conseil, il ne se trouvât point d'officiers
de santé militaires au chef-lieu du département,
M. l'intendant de la subdivision désignerait alors
d'avance ceux des troupes de cette même subdivision qui devraient s'y rendre, et assister aux opérations du conseil aux chefs-lieux de département et
d'arrondissemens. Dans tous les cas, les chirurgiens-majors des régimens, les médecins et les chirurgiens en chef des hôpitaux militaires, seront les
seuls officiers de santé désignés pour cette opéra-

tion délicate. MM. les préfets n'en conserveront
pas moins la faculté d'appeler des médecins et des
chirurgiens civils.

4°. VISITE GÉNÉRALE DES HOMMES DE NOUVELLE LEVÉE.

Pour juger sainement le physique et l'état de
santé des jeunes soldats, de leurs substituts et remplaçans, on doit les visiter tous indistinctement,
en suivant la méthode que j'exposerai tout-à-l'heure,
et non point les admettre aveuglément, parce qu'ils
ne font sur le moment aucune réclamation. Ce
mode rendra, je le sais, les opérations des conseils
de révision beaucoup plus longues; mais aussi il
en résultera un grand avantage, et l'intime conviction de l'aptitude des hommes choisis pour le service militaire.

J'ai fait, au sujet de la mesure de la taille, une re-
marque que je ferai précéder. Les sous-officiers de
gendarmerie qui sont chargés de faire passer sous
la toise les jeunes soldats, manquent quelquefois
cette opération, par l'effet de la mauvaise volonté
et de la malice apportées par quelques - uns d'entre eux, qui parviennent à se faire dispenser pour
défaut de taille. Comme quelques lignes de plus ou
de moins décident de leur sort, ils tâchent de les
gagner en moins. Les uns se font couper les cheveux ras et enlever les épaisses callosités de la
plante des pieds; les autres, dans le moment où
on les place sous la toise, s'efforcent de se rape-
tisser, et à cet effet ils s'affaissent et se concen-

trent le plus qu'ils peuvent ; ils rentrent la tête dans les épaules, font saillir le ventre et fléchissent un peu les genoux.

La position de l'individu que l'on veut bien toiser, doit être précisément celle du soldat sans armes : Les talons rapprochés et les pieds également tournés en dehors, les genoux tendus sans roideur, le corps d'aplomb sur les hanches, le ventre rentré, la poitrine placée un peu en avant, les épaules effacées et également tombantes, les bras pendant naturellement, la main appliquée contre la partie externe de la cuisse, la tête droite sans être gênée, et les yeux fixés devant soi.

Presque toutes les toises que j'ai eu occasion de voir sont trop faibles, et peu propres à faciliter le toisé exact des hommes de mauvaise volonté, dont la partie supérieure du dos et les fesses doivent appuyer contre un des montans de la toise, afin de pouvoir se rendre maître d'eux , et de forcer le corps à prendre et à conserver la rectitude convenable pour le parfait toisage. Il me semble qu'à cet effet l'instrument devrait être plus solide, et ses montans de la largeur de six à huit pouces : deux courroies libres, de la largeur de trois ou quatre pouces, serviraient, au besoin, à maintenir fixe le bassin et à faire rentrer les genoux. La toise pourrait encore être construite de manière à s'appliquer parfaitement à terre , afin de mesurer l'individu récalcitrant, étendu sur le dos, position dans laquelle il lui serait moins facile de se faire violence pour paraître n'avoir point la taille requise.

La visite générale que je propose de faire pour
motiver sciemment, et en toute sûreté de conscience,
l'admission ou la dispense, donnera la mesure juste
et positive du physique de chaque individu, de
la force ou de la faiblesse de sa complexion ; l'œil
apercevra nettement les signes qui caractérisent
une bonne et une mauvaise constitution ; la main
explorera les régions qui peuvent recéler des maladies organiques, sur l'existence desquelles il
est d'autant plus facile de se tromper et d'être
trompé, qu'elles sont ordinairement obscures et
profondement cachées. Parmi les jeunes gens, il
s'en trouve dont l'habitude extérieure du corps
prévient en leur faveur et indique un état sain,
et qui cependant portent des maladies dont ils ne
se doutent point ; d'autres, au contraire, ont un
intérêt marqué à les dissimuler, parce qu'ils sont
contens de servir pour avoir une existence, pour en
changer, ou bien parce qu'ils préfèrent entrer dans
l'état militaire, que de dévoiler publiquement et
de faire connaître à leurs compatriotes les infirmités dont ils sont atteints. J'ai dû présenter pour la
réforme, en 1819, un jeune soldat qui avait un
varicocèle très-considérable, qu'il prenait pour
une hernie, et qu'il n'avoit point voulu accuser devant le conseil de révision, parce que la connaissance de cette maladie honteuse, disait-il, l'em-
pêcherait de se marier, lorsqu'il serait de retour
dans son pays.

Un autre soldat a préféré partir que de se faire
exempter pour cause d'une hernie inguinale.

Ne peut-il pas arriver encore qu'un frère qui offre de marcher par substitution pour son frère, puisse avoir une infirmité, et trouver ainsi le moyen de l'exempter, en concevant l'espoir et même la certitude de se faire réformer plus tard pour un motif qu'il sait être très-légitime, mais qu'il aura soigneusement dissimulé? D'autres preuves pourraient être accumulées et ne feraient que deposer majeurement de la nécessité de visiter complétement nus tous les jeunes gens désignés par le tirage, afin de pouvoir prononcer en connaissance de cause sur leur validité ou leur invalidité pour le service militaire.

Il serait utile qu'il y eût dans le lieu où se tiennent les seances du conseil un cabinet ou tout autre endroit à part, où l'on pût faire commodément cette visite : un lit garni d'une demi-fourniture pourrait y être dressé afin d'y faire étendre les individus qui réclament un examen particulier dont les hommes de l'art ont quelquefois besoin pour ne point errer dans le jugement qu'ils doivent porter(1).

Chaque homme de nouvelle levée appelé à son tour de numéro, après être complétement déshabillé, doit se placer en face du jour, et à peu-près dans la position du soldat sans armes : les officiers de santé jugeront beaucoup mieux, en se tenant à une certaine distance, de l'ensemble du

______

(1) Les officiers de santé feront fort bien de se munir de quelques instrumens propres à faciliter l'exploration et la connaissance des maladies qu'il importe de constater, tels qu'un stilet, une curette, une feuille de myrthe, une algalie, une loupe, et plusieurs lunettes à verres convexes, concaves et planes.

physique, de la conformation extérieure, des proportions organiques , enfin de tout ce qui constitue le *facies* de l'individu.

Chaque officier de santé examinera par lui-même et ne s'en rapportera point au sentiment de ses autres confrères, quelque bonne opinion qu'il puisse avoir d'ailleurs de leurs connaissances.

Après ce premier coup d'œil qui trompe rarement le médecin exercé , on passera à l'examen partiel des diverses régions du corps : le cuir chevelu, les oreilles, les yeux, le nez, la bouche, la poitrine, l'abdomen, l'anus, les parties génitales, les membres supérieurs et inférieurs , seront successivement l'objet d'une attention particulière : on s'assurera de l'intégrité des sens de l'ouïe et de la vue; il faudra faire parler et tousser l'individu soumis à l'examen, percuter sa poitrine, lui faire faire une profonde inspiration, et palper le bas-ventre au-dessous des hypocondres et au-dessus des régions inguinales dans la direction des anneaux ; on éprouvera la force de contraction des mains; on fera fléchir les grandes articulations, et marcher le sujet lentement ou précipitamment devant soi. Quand les individus auront été visités de cette manière, les officiers de santé pourront sûrement éclairer par leurs avis la conscience des membres du conseil , et il deviendra extrêmement rare que l'on admette des hommes incapables de servir.

5º. Admission des remplaçans.

Si l'on doit mettre de la sévérité dans l'examen

des jeunes gens marchant pour leur compte, combien, à plus forte raison, cette même sévérité n'est-elle pas commandée pour l'admission des remplaçans ? L'instruction sur les appels prescrit de n'admettre à remplacer que des hommes reconnus pour avoir une constitution robuste, et être évidemment propres à faire un bon service. Les officiers de santé militaires, les chirurgiens et les médecins civils doivent donc les visiter très-attentivement, car il est assez commun de trouver ceux qui s'offrent pour remplacer, atteints de vices et d'infirmités qu'ils cachent ou déguisent avec un art contre lequel on ne saurait trop se tenir en garde.

L'honneur est un si puissant ressort chez le soldat, que les qualités morales où il prend sa source sont non moins exigibles que les conditions qui font la force physique ou corporelle. L'ancien soldat doit être un modèle de conduite et un sujet d'émulation pour les recrues appelées à servir sous les mêmes drapeaux. Quand l'immoralité accompagne celui qui embrasse l'état militaire, il néglige infailliblement ses devoirs, et il devient insensible aux remontrances et aux punitions; ses mauvais conseils, son scandaleux exemple ne tardent pas à corrompre et à entraîner à l'indiscipline et à la débauche des jeunes gens inexpérimentés, contre lesquels on se trouve ensuite forcé de sévir pour les contraindre à rentrer dans la ligne du devoir. De là, la cause de l'insubordination, et celle du mauvais esprit qui s'introduit parmi les soldats d'une compagnie où se trouvent un ou deux mauvais sujets, et qui, comme la gangrère, gagne rapidement le reste du corps, si l'on n'emploie pas à temps des moyens actifs pour l'arrêter. Ces réflexions ne peuvent guère s'appliquer, il est vrai, dans l'état actuel des choses, aux jeunes soldats qui viennent de quitter le toit paternel, qui ont généralement des mœurs, et qui n'ont point perdu le fruit de leur éducation, ni oublié les sages conseils de leurs parens : elles regardent bien plutôt cette classe d'hommes admis à remplacer qui sont entrés jusqu'à ce jour pour un bon tiers dans la composition des légions, et qui n'ont que trop justifié, pour la plupart, l'idée préventive et défavorable que l'on s'était faite de leur manière de se conduire. Je suis bien convaincu que la faculté de se faire remplacer dans le service militaire est aussi sage qu'elle est utile ; mais de quelle importance n'est-il pas pour l'honneur des corps, l'harmonie de la discipline militaire, la considération et le respect attachés aux différens grades, et même pour le salut de l'Etat, que des hommes appelés par leur ancienneté de service à jouir un jour des bienfaits de l'avancement et des récompenses militaires, ne sortent point du foyer impur et de la classe abjecte de la société ? Une grande partie des remplaçans admis dans les dernières levées sont des gens oisifs et misérables que le besoin et l'appât de l'argent ont attirés des villes et des campagnes, et que je considère comme une peste morale répandue dans les légions. Les vices que l'on a bientôt reconnus à plusieurs d'entre eux, et les renseignemens acquis depuis leur entrée au corps sur leur vie antérieure, ont dû faire blâmer avec raison l'ob-séquieuse faiblesse et l'inexcusable défaut de sévé-rité apportés dans la recherche de leur conduite passée, qui n'a été même que trop souvent palliée par des attestations invéridiques de bonne vie et mœurs. Ce sont donc les mauvais choix, tant sous le rapport physique que sous le rapport moral, qui ont imprimé aux remplaçans un caractère de répro-bation, et ont actuellement établi à leur égard un pré-jugé qui, cependant, ne peut être aucunement nui-sible à ceux qui se conduisent bien et remplissent fidèlement les engagemens qu'ils ont contractés.

Je termine ce que j'avais à dire sur les rempla-çans, en conseillant l'établissement dans chaque conseil de révision, ainsi que je l'ai vu pratiquer à Arras, d'un registre consacré à recevoir les noms et prénoms, l'indication du lieu de naissance et du département de tout remplaçant refusé, avec l'an-notation précise du motif physique ou moral du refus qu'il aurait subi.

6°. Avis des officiers de santé a mentionner, dans tous les cas, sur les procès-verbaux des séances des conseils de révision et sur les lis-tes de contingent.

Je regarde comme une chose utile et même de rigueur, soit que l'individu visité ait été déclaré propre au service, soit qu'il ait été jugé dans le cas de la dispense, de consigner dans les procès-verbaux des séances des conseils de révision et sur les listes de contingent, l'avis motivé des offi-

ciers de santé qui auront été appelés au conseil,
touchant le physique, la constitution, les maladies
ou les infirmités de chaque individu, et tel qu'il
aura été remis sur-le-champ et par écrit à M. le président du conseil, fût-il même contradictoire à la
décision qui aura été prise. L'expédition de la liste
de contingent adressée au conseil d'administration
serait mise sous les yeux des chirurgiens - majors,
dont le devoir est de visiter toutes les recrues au
moment de leur incorporation, et qui prendraient
ainsi connaissance de l'état physique des nouveaux
soldats au moment de leur admission par le conseil,
de la prééxistence des maladies ou infirmités vraies,
simulées ou factices qu'ils leur reconnaîtraient,
ou bien de leur apparition pendant le temps qui
s'est écoulé depuis le moment de l'appel jusqu'à
celui de leur arrivée sous les drapeaux. Les chirurgiens - majors dresseraient alors, d'après leur
visite, un contrôle particulier qui serait envoyé di-
rectement à son Excellence le Ministre de la guerre
par tous les chefs des corps. L'inscription deman-
dée serait, pour l'autorité supérieure, un moyen
sûr de justifier ou de blâmer à bon droit les mauvais choix qui auraient été faits au mépris des instructions transmises et des recommandations renou-
velées. Le ministère reconnaîtrait, après tout, la
nécessité de prendre des mesures coërcitives et
récursoires pour ne plus voir l'Etat dupe d'abus qui
se perpétueraient, et dont je suis persuadé que les
opérations de la levée de 1819 n'auront point été
entièrement exemptes.

7°. LIBÉRATION DES JEUNES GENS NON APPELÉS.

Pour éviter encore une partie des inconvéniens dénoncés, ne seroit-il pas préférable que le contingent assigné à chaque canton ne fût regardé comme complet qu'à dater du jour de l'appel au chef-lieu de département pour la mise en activité? Ce ne seroit alors qu'à dater de ce jour que le conseil de révision donnerait à MM. les maires l'avis de l'entière libération des jeunes gens de leur commune, dont les numéros n'auraient point été appelés, exception faite de ceux qui auraient été désignés comme suppléans, et qui demeureraient toujours susceptibles d'être convoqués pour la mise en activité, si les jeunes gens qui tiennent leur libération en suspens, venaient à être en définitive exemptés du service, pour cause de maladies ou d'infirmités sur la nature et l'incurabilité desquelles les officiers de santé désignés d'office par MM. le préfet ou le sous-préfet auraient eu des raisons justes et plausibles pour différer de donner leur avis.

8°. DURÉE ET CLOTURE DES CONSEILS DE RÉVISION.

Il serait non moins convenable, je pense, de prolonger la tenue des séances des conseils de révision jusqu'à l'époque dont il vient d'être question pour l'entière libération des jeunes gens (1). Cette prolongation faciliterait singulièrement la

(1) Les séances se tiendraient tous les huit jours pendant les deux premiers mois, et ensuite tous les quinze jours.

conduite et la régularité des opérations d'une levée. Les maladies qui peuvent survenir aux jeunes gens ou à leurs remplaçans jusqu'au moment de la mise en activité, les mutilations involontaires, les morts subites ou accidentelles, la nature des maladies ou infirmités qui retardent la comparution de quelques individus devant le conseil, et qui leur font obtenir des ajournemens peut-être parfois abusifs et aveuglément accordés, à cause de l'infidélité des rapports et de la difficulté ou de l'impossibilité où est le conseil de pouvoir juger leur position, l'apparition des jeunes gens qui se trouvaient hors de leur département ou de la France, et même outre-mer, aux époques du tirage et de la convocation devant le conseil, les réclamations tardives, l'avantage de ne point comprendre dans le contingent et d'avoir la facilité de renvoyer chez eux les individus qui déclareraient, quelque temps avant la mise en activité, une maladie ou une infirmité qui serait un motif irrécusable d'exemption et qu'ils n'auraient point voulu accuser d'abord ouvertement pour un motif quelconque, le besoin d'un ample examen, les enquêtes, les renseignemens qu'il est important de recueillir, la confirmation de la réalité des maladies présumées simulées, les inconvéniens d'une trop grande précipitation dans les décisions du conseil, sont autant de motifs qui doivent faire désirer, selon moi, que la clôture des séances des conseils de révision n'ait lieu qu'au jour fixé pour la mise de la levée en activité de service.

9°. VISITE DES RETARDATAIRES.

Tous les jeunes gens qui ne se sont point présentés à l'époque fixée pour la clôture de la liste départementale, ou le jour même de l'exécution de l'ordre de la mise en activité du contingent, doivent être considérés comme retardataires. Quelle que soit ensuite celle à laquelle ils reparaissent dans leur département, dans quelque lieu que la gendarmerie les recherche et les atteigne, il est de l'intérêt du Gouvernement qu'ils ne soient dirigés sur les corps, qu'après avoir été visités et reconnus aptes à faire un bon service, et que, dans le cas où ils ne le seraient point pour cause de maladies ou infirmités duement constatées, ils restent à leurs dépôts respectifs, ou y soient conduits, s'ils se trouvent hors du département, pour être présentés à M. le maréchal-de-camp, commandant la subdivision, qui les réformerait dans les formes voulues, et en vertu de l'autorisation qui lui serait déléguée à cet effet. Ce serait le moyen le plus sûr et le plus expéditif pour ne point surcharger les régimens d'hommes inutiles, et pour se défaire promptement d'individus qni peuvent rester sans cela, pendant plusieurs mois et même une année entière, à la charge du Gouvernement qui gagnerait de toutes manières à l'exécution de la mesure proposée.

Les retardataires qui ont déjà subi la visite devant le conseil de révision, et qui ont été arrêtés, soit dans le département, soit hors du département;

doivent être également visités devant une autorité supérieure, afin de ne point diriger sur les bataillons d'activité des hommes invalides et susceptibles de réforme, qu'il est bien préférable d'envoyer au dépôt de leurs régimens.

VII. *Avis des officiers de santé et décisions des conseils de révision sur l'exemption du service militaire pour cause de maladies et d'infirmités.*

Les jeunes gens convoqués ont le droit de faire valoir les maladies ou infirmités dont ils sont atteints, pour obtenir, s'il y a lieu, l'exemption du service militaire. Ce droit, accessible à tous, repose sur deux principes : celui de l'humanité d'abord, et puis celui de l'intérêt du gouvernement. C'est aux officiers de santé consultés qu'il appartient de le faire valoir avec la conscience du savoir et de l'intime conviction, avec cet esprit d'équité qui doit constamment présider aux choix. Les chirurgiens et les médecins déposeront tout sentiment de crainte et d'amour-propre : ils sont les avocats du gouvernement et des hommes; il est par conséquent de leur devoir de plaider à la fois dans l'intérêt de l'armée et de la population. Ils ne devront jamais perdre de vue, dans l'examen d'une maladie ou infirmité quelconque, la profession et le genre de vie auxquels est destiné le jeune soldat, et surtout l'effet que produiront sur son corps, et sur sa poitrine en particulier, les différentes pièces de

son équipement, le poids de ses armes, la marche, la station et tant d'autres positions diverses
auxquelles il sera forcé de se plier pendant les
exercices et les manœuvres ; ils n'oublieront point
non plus qu'une santé chétive ou délabrée ne s'a-
méliore point avec le régime militaire, quoi qu'en
disent ceux qui jugent superficiellement le physique des jeunes gens et perdent de vue ceux qu'ils
ont légèrement déclarés bons. Il est de toute vérité encore que certaines maladies légères sont de
nature à augmenter et à s'aggraver, et qu'elles
finissent au bout de six mois, d'un an , ou de dix-
huit mois, par mettre l'individu qui en est atteint
dans l'impossibilité de continuer le service.

On conçoit, d'après cela, combien doit être sain
et réfléchi le jugement à porter sur les maladies et
les infirmités réelles qui ôtent ou n'ôtent point l'aptitude au service, ou qui laissent des doutes et des
craintes sur la possibilité que l'individu appelé
puisse continuer à servir l'Etat pendant le temps
fixé par la loi. Ne vaudrait-il pas bien mieux n'a-
voir jamais à réformer des hommes entrés depuis
peu de temps dans l'état militaire, et ne point se
trouver dans la cruelle nécessité de renvoyer dans
leurs foyers des êtres faibles, maladifs, et destinés
souvent à traîner pendant le reste de leur vie des
jours excessivement malheureux?

En donnant ci-après un tableau énumératif des
maladies ou infirmités qui emportent l'exemption,
je n'ai point la prétention de poser des règles fixes
de conduite. Il serait à désirer que MM. les mem-

bres du conseil de santé fussent autorisés par S. E. le ministre de la guerre à rédiger une instruction indicative et explicative à la fois de tous les motifs d'exemption, plus complète que celle qui fut publiée, en 1799, par les inspecteurs généraux du service de santé. Je n'ai en vue que de présenter quelques développemens sur la manière d'envisager les maladies et les infirmités susceptibles de dispenser du service militaire, et de la considérer sous le rapport de l'influence de la voix consultative des officiers de santé sur les décisions des conseils de révision.

Les maladies et les infirmités qui peuvent être présentées par les jeunes gens marchant pour leur compte, ou par leurs remplaçans, sont disposées sous forme de tableaux, pour donner plus d'ensemble aux cas identiques de dispense, et rendre moins décousue la série des affections qui, soit par leur nature, soit par leurs caractères extérieurs, ont beaucoup d'analogie et de connexité entre elles. J'ai eu aussi recours à l'ordre anatomique, c'est-à-dire à la division des maladies et des infirmités d'après les régions du corps où elles ont leur siége. Il a été fait mention de quelques cas rares, qui peuvent cependant s'offrir et faire naître l'indécision dans l'esprit des juges.

Les maladies ou infirmités que nous regardons comme devant être des cas de dispense ou d'exemption absolue du service militaire, sont établies et spécifiées de la manière suivante :

1°. VICES ET DIFFORMITÉS ORIGINAIRES OU ACCIDENTELS.

Les difformités et les vices de conformation mé‑ritent la plus grande attention de la part des mé‑decins et des chirurgiens appelés au conseil. La visite scrupuleuse que nous avons recommandée, la comparaison des parties bien conformées avec celles qui ne le sont pas, les feront aisément re‑connaître.

Les difformités sont, en général, de naissance, accidentelles ou produites par l'habitude. Elles ont lieu dans les parties qui en sont affectées par vices de configuration, de direction, de proportion, par lésion manifeste de fonctions, ou par l'abolition totale de l'usage auquel elles sont naturellement destinées. Celles qui sont originaires, et qui ont pour la plupart leur siége dans les os, caractérisent presque toujours, et c'est ce que nous ne pouvons trop répéter, la viciation primitive de l'organisme; elles indiquent en même temps un certain degré de faiblesse de constitution.

Un bon soldat doit être sain de corps et d'es‑prit, et doué d'un entendement net pour bien comprendre et exécuter ponctuellement (*mens sa‑na in corpore sano*). De tous ses sens, la vue est celui qui doit réunir l'intégrité la plus parfaite, puisqu'en temps de guerre, placé en sentinelle avancée, il doit chercher à distinguer et à reconnaî‑tre, même au milieu de l'obscurité de la nuit, ce qui l'approche et l'entoure, afin de ne point se laisser enlever ou égorger; la surprise d'un poste ou d'un ouvrage avancé pouvant décider du sort d'une bataille et même du salut de l'armée. Les proportions et la régularité des formes sont indispensables pour conserver la position et posséder l'aisance qui convient au maintien de l'homme placé sous les armes. Le soldat doit avoir de bonnes dents pour manger le pain de munition souvent sec, dur ou gelé, casser le biscuit et déchirer la cartouche. Une grande agilité et l'intégrité des mouvemens lui sont nécessaires, soit pour la marche, l'équitation et le maniement des armes, soit pour entretenir ou réparer par esprit d'ordre, d'économie et de propreté tout ce qui constitue son habillement, son équipement et son armement. Si les extrémités inférieures sont mal conformées, le militaire ne peut soutenir long-temps la marche; il est bientôt fatigué; ses pieds se gonflent, deviennent douloureux, s'enflamment, s'excorient, et il est forcé de s'arrêter ou de demander place à la voiture. Il est à propos aussi de ne point accepter pour le service les individus atteints de difformités choquantes et même repoussantes, qui ne manqueraient pas de provoquer les plaisanteries, les sarcasmes ou les railleries grossières de leurs camarades, et de donner lieu à des inimitiés et à des disputes entre des hommes d'une même chambrée, qui doivent nécessairement vivre en bonne intelligence.

J'ai réuni dans le tableau suivant, N° I, les cas de vices ou de difformités physiques, susceptibles d'exempter du service militaire.

TABLEAU N°. I.

DES MOTIFS D'EXEMPTION

DU SERVICE MILITAIRE.

VICES OU DIFFORMITÉS PHYSIQUES.

Du Crâne.

1°. L'alopécie universelle et la dépilation totale ou presque totale du cuir chevelu.

2°. La persistance de la fontanelle supérieure et antérieure.

3°. L'écartement des sutures.

4°. Le volume exorbitant et monstrueux de la tête.

5°. La dépresssion du crâne ou toute autre difformité sensible dans sa configuration.

6°. Les grandes lésions du crâne provenant de plaies compliquées, de fractures considérables, de l'opération du trépan, d'ulcères avec carie, suivis d'exfoliations qui ont intéressé toute l'épaisseur des os : il en résulte des accidens très-graves, tels que l'altération des facultés intellectuelles, la perte de la mémoire, les fréquentes douleurs de tête, les étourdissemens, les vertiges, l'assoupissement, et autres affections nerveuses ou spasmodiques, qui sont aussi quelquefois, et même long-temps après l'action de la cause qui les a déterminés, la suite d'une violente commotion au cerveau, sans fracture concommitante des os du crâne.

De la Face.

7°. Les taches ou envies rouges, grises, livides, etc., velues ou poilues, couvrant une grande partie du visage.

8°. Les mutilations hideuses de la face à la suite de brûlures larges et profondes, de la variole ou d'une opération chirurgicale.

9°. La perte considérable de substance à la joue.

10°. La perte partielle ou totale de la mâchoire supérieure ou inférieure.

11°. Les difformités incurables de l'une ou l'autre mâchoire, capables de gêner la mastication, la parole, ou d'empêcher de déchirer la cartouche.

Des Yeux.

12°. La chute complète des cils ou des sourcils.

13°. L'adhérence d'une ou des deux paupières au globe de l'œil.

14°. L'atrophie d'un œil.

15°. La perte d'un œil ou de son usage.

16°. La cécité ou privation totale de la vue, de naissance ou accidentelle.

Des Oreilles.

17°. Les oreilles volumineuses, énormes, bizarres, très-petites ou amincies, et d'une difformité désagréable à la vue ou nuisible à l'ouïe.

18°. La perte ou le défaut du pavillon de l'oreille.

19°. L'oblitération ou l'imperforation du conduit auditif.

20°. L'étroitesse ou le resserrement du conduit auditif, susceptible d'empêcher la libre perception des sons.

21°. La surdité et le mutisme de naissance.

22°. La surdité accidentelle complète, ou incomplète et ancienne.

Du Nez.

23°. Le volume extraordinaire du nez.

24°. La petitesse extrême du nez, avec étroitesse du méat antérieur des fosses nasales.

25°. Le nez très-écrasé, presque nul, ou toute autre difformité de cette partie, capable de défigurer ou d'altérer beaucoup la voix, et de gêner sensiblement la respiration.

26°. La perte complète du nez ou d'une portion du nez.

De la Bouche et de l'Arrière-Bouche.

27°. Le bec de lièvre de naissance, simple ou double, difforme ou compliqué de la division du rebord alvéolaire des os palatins.

28°. La perte partielle ou totale de l'une des lèvres.

29°. Les lèvres constamment béantes et pendantes.

30°. La perte totale des dents incisives et canines de la mâchoire supérieure ou inférieure.

31°. La fente, l'écartement, l'échancrure, la perforation, la perte de substance ou l'absence de la voûte palatine.

32°. L'atrophie de la langue.

33°. L'adhérence de la langue aux parois de la bouche.

34°. La mutilation ou la perte partielle ou totale de la langue.

35°. La destruction presque entière du voile du palais.

36°. Le mutisme.

37°. L'extinction de la voix ou son altération manifeste par le squirre des amygdales, par la bifurcation ou la destruction de la luette, par le racornissement de l'épiglotte.

38°. L'aphonie complète et permanente.

39°. Le bégaiement ou le bredouillement outré, c'est-à-dire porté au point de compromettre la sûreté d'un poste.

De la Poitrine.

40°. La gibbosité ou les bosses situées à la partie antérieure ou postérieure de la poitrine.

41°. La voussure du dos avec aplatissement de la partie antérieure de la poitrine, ou seulement avec dépression ou enfoncement du sternum.

42°. Les cicatrices adhérentes aux parois du thorax, à la suite de plaies pénétrantes avec lésion de viscères.

43°. La multiplication et le développement des mamelles, imitant celles de la femme.

De la Colonne vertébrale.

44. La courbure ou déviation de la portion cervicale, dorsale ou lombaire de la colonne épinière.

Du Bassin.

45°. La déviation ou la saillie vicieuse d'un des côtés du bassin.

Du Bas-Ventre.

46°. L'anus contre nature ou artificiel.

Des Parties génitales.

47°. L'épispadias ou l'hypospadias situé au milieu ou à la racine de la verge.

48°. Le rétrécissement considérable de l'urètre.

49°. L'absence et la perte totale ou presque totale de la verge.

50°. L'absence des testicules.

51°. Les testicules arrêtés à l'anneau.

52°. L'atrophie des deux testicules.

53°. La perte des deux testicules.

54°. L'absence ou la perte totale des parties génitales.

55°. La sortie des urines par le nombril.

56°. L'hermaphrodisme, c'est-à-dire, ce vice de conformation des parties génitales, qui imite la réunion des deux sexes.

Des Membres en général.

57°. Les développemens contre nature et les accroissemens difformes et monstrueux de la propre substance des os.

58°. La courbure défectueuse des os longs.

59°. Les fausses articulations ou articulations contre nature.

60°. L'ankilose complète.

61°. L'atrophie générale ou partielle d'un membre.

62°. La rétraction permanente d'un membre ou d'une portion de ce membre.

63°. La faiblesse, la difficulté ou la perte totale et irremédiable du mouvement d'un membre.

64°. La privation d'un membre ou d'une portion essentielle de ce membre.

65°. Les enfoncemens, les inégalités, les déviations ou le raccourcissement des membres, provenant de fractures, simples et compliquées, mal guéries.

66°. *Idem* reconnaissant pour causes les dissensions articulaires, les entorses violentes ou les luxations négligées et mal traitées.

67°. Les cicatrices anciennes ou récentes, larges, profondes, croûteuses, parsemées de varices, bleuâtres, livides, peu solides, et dont l'existence coïncide avec des signes de faiblesse de constitution.

68°. Les cicatrices dures, résultant de plaies par brûlure, rupture et arrachement, de coups de feu, d'opérations chirurgicales ou de toute autre espèce de solution de continuité avec ou sans déperdition de substance ; celles situées principalement sur le trajet des membres inférieurs et adhérentes aux aponévroses, au corps des muscles, aux tendons, aux capsules articulaires, et même aux os, qui, bridant la contraction des muscles fléchisseurs et extenseurs, et tenant les articulations dans un état continuel de rigidité, nuisent et s'opposent à l'étendue, à l'agilité et à la souplesse des mouvemens; ou bien encore celles qui sont tendres, délicates, et susceptibles de devenir douloureuses, de s'enflammer et de se rouvrir par l'effet de la marche, de la compression, du frottement exercé par les vêtemens, des coups, des chutes, de l'impression du froid, etc.

Des Membres supérieurs.

69°. Les extrémités supérieures et inférieures sensiblement trop longues ou trop courtes.

70°. Une épaule beaucoup plus basse que l'autre.

71°. Des mains congéniales.

72°. Le volume extraordinaire des mains, provenant d'un engorgement lymphatique naturel, de l'état variqueux général des capillaires veineux, ou bien d'engelures habituelles et ulcérées.

73°. La callosité générale, avec gerçures vives, de la paume des mains.

74°. Les doigts adhérens ou réunis.

75°. Les doigts surnuméraires, doubles ou rameux.

76°. L'extension ou la flexion permanente d'un ou de plusieurs doigts, ainsi que la perte irrémédiable du mouvement de ces parties.

77°. La perte de la première phalange du pouce de la main droite.

78°. La perte totale d'un pouce.

79°. La perte partielle ou totale du doigt indicateur de la même main.

80°. La perte de la première et deuxième phalange des doigts de la main droite.

81°. La perte totale de deux doigts de la même main.

82°. La mutilation des dernières phalanges des doigts de l'une ou l'autre main.

85°. La difformité considérable des ongles.

Des Membres inférieurs.

84°. La torsion et l'entre-croisement des extrémités inférieures.

85°. La cambrure d'un ou des deux genoux, ou les genoux
dits cagneux.

86°. Le volume extraordinaire d'une ou de deux jambes.

87°. La saillie considérable des malléoles internes par
l'effet de la déviation naturelle ou forcée des os qui forment
l'articulation du pied avec la jambe.

88°. Le raccourcissement permanent du tendon d'Achille.

89°. La claudication bien marquée.

90°. Les pieds trapus et très-courts.

91°. L'inversion des pieds ou les pieds dits bots ou torts.

92°. Les pieds plats, écrasés et très-longs.

93°. Tous les orteils réunis, doubles ou rameux.

94°. La déviation du gros orteil croisant la direction des
autres, accompagnée de la forte saillie de l'articulation for-
mée par le premier os métatarsien et la première phalange du
gros orteil.

95°. Le chevauchement ou la superposition de tous les orteils.

96°. La rétraction ou la courbure difforme de tous les orteils du même pied, ou de deux orteils au moins.

97°. La perte partielle ou totale d'un gros orteil.

98°. La perte partielle ou totale de deux orteils du même
pied.

99°. La perte du mouvement du gros orteil.

100°. La perte du mouvement de deux doigts du même
pied.

101°. La mutilation des dernières phalanges des orteils de
l'un ou l'autre pied.

2°. Maladies longues, difficiles et dangereuses a guérir, ou réputées incurables.

Les hommes de l'art ne sauraient trop s'attacher à constater l'existence et la réalité des maladies et des infirmités contractées par les jeunes gens et accusées par eux devant le conseil de révision, ainsi qu'à en bien connaître la durée et en déterminer rigoureusement le siége, la nature et le rapport avec la santé de l'individu, afin de pouvoir affirmer que telle maladie ou infirmité sera longue et difficile à guérir, que sa curation est douteuse, qu'il serait imprudent de la tenter, ou bien enfin qu'elle est décidément incurable, et que celui qui en est atteint doit être déclaré impropre au service.

Le jugement sera prompt et facile à porter sur les maladies dont l'incurabilité est parfaitement reconnue. Il en sera de même à l'égard de celles dont il serait tout-à-fait inconvenant de tenter la guérison qui resterait incomplette, et qu'on ne ferait souvent que déplacer ou masquer. La rétrocession ou la métastase peut, dans cette circonstance, donner lieu à des affections plus ou moins graves et déterminer dans un point éloigné des altérations organiques. Le sujet, victime alors d'une imprudente tentative, aurait la douleur de voir sa constitution affaiblie et sa santé dérangée peut-être pour le reste de ses jours.

Les maladies et les infirmités dont la curabilité est douteuse à raison de leur siége, de leur nature ou de l'état constitutionnel de l'individu, ne doivent point faire hésiter à prononcer que celui qui en est atteint est dans le cas de l'exemption du service militaire. Presque toutes les maladies chroniques sont des motifs de dispense.

Examinons maintenant s'il convient d'admettre les jeunes gens dont les maladies ou les infirmités exigeraient beaucoup de temps pour être conduites, non sans difficulté, à une parfaite guérison. Les chirurgiens et les médecins doivent montrer toujours la plus grande impartialité, et se faire un devoir de ne jamais sacrifier la vérité à l'intérêt particulier ou individuel, ni à l'intérêt général. Ils s'aideront de la réflexion, de leurs lumières et du fruit de leur expérience, pour donner un avis sagement motivé. Les maladies sont souvent entretenues par des vices spécifiques, et subordonnées à tant de vicissitudes et de causes physiques et morales, capables d'influer sur leur marche et leurs terminaisons, qu'il est impossible de porter un jugement qui ne puisse pas être quelquefois démenti; voilà pourquoi la prudence, l'amour-propre, le soin de la réputation et le respect dû à la vérité, suggèrent chaque jour aux hommes de l'art de n'établir qu'un pronostic douteux, incertain et toujours conditionnel. Mais leur avis ne pouvant point toujours être différé, lorsqu'ils demeureront bien convaincus qu'une maladie ou une infirmité est difficile à guérir, indépendamment des accidens possibles ou impossibles à prévoir, capables d'en prolonger la durée, et de l'aggraver au point de la rendre incurable et même mortelle, le sujet actuellement inhabile au service, et devant, selon toute apparence, continuer à l'être pendant long-temps, aura irrévocablement droit à l'exemption.

En effet, l'Etat a besoin de soldats; il lui faut des hommes aptes et promptement aptes à servir. Ce serait évidemment agir contre ses intérêts que de faire entrer dans l'organisation des troupes, un grand nombre d'hommes malades ou infirmes, sous le prétexte, dans la croyance, la persuasion et même la conviction que le changement d'air et de régime, un traitement méthodique et varié, l'usage des eaux minérales etc., pourront les guérir et rétablir complètement leur santé. Un conseil de révision doit ajouter foi aux déclaraions formelles des officiers de santé qui ne manqueront pas de représenter qu'il faut tenir compte de la fréquente disposition aux rechutes et aux récidives, chez des hommes obligés de mener un genre de vie très-actif, et que par l'effet d'une foule de circonstances, inséparables de la position du soldat, ses maladies ou ses infirmités augmentent et s'exaspèrent souvent au lieu de marcher vers la guérison. Ensuite, que d'obstacles ne rencontrent pas les officiers de santé, lorsqu'il s'agit de traiter les recrues que l'on est forcé d'envoyer à l'hôpital peu de jours après leur imma-triculation! Il faut l'avoir éprouvé pour sentir combien il est difficile, malgré les soins les plus assidus, la surveillance la plus exacte et la patience la plus exercée, de parvenir à guérir des individus qui montrent de la mauvaise volonté, emploient tout pour contrarier, ralentir et empêcher leur guérison, dans l'espoir de tirer parti plus tard de leurs infirmités pour obtenir la réforme. On ne saurait trop éviter, d'ailleurs, la contagion des mauvais exemples, et prévenir leur dangereuse influence sur le moral et le physique des jeunes gens de nouvelle levée, qui ne doivent avoir au contraire sous les yeux que des sujets d'émulation propres à leur inspirer l'amour de leur nouvel état, à les éloigner et à leur faire abborrer même de recourir lâchement ou malicieusement à de légers motifs ou à de faux prétextes pour réclamer des exemptions de service et se montrer incapables de remplir exactement leurs devoirs. Ajouterai-je encore à ces raisons l'inconvénient d'abandonner de jeunes soldats malades aux soins indolens qu'ils reçoivent dans quelques hôpitaux civils, au peu de surveillance qu'on y exerce sur eux, et surtout aux excès de complaisance qu'ils ne manquent jamais de trouver au chef-lieu de leur département? Des hommes incapables de rejoindre de long-temps les corps dont ils font partie, et qui séjournent des mois et des années entières dans les hôpitaux, occasionnent des dépenses onéreuses à l'Etat, et rendent fictive la force de l'armée, en grossissant inutilement le nombre des hommes portés à l'effectif de chaque régiment.

Il convient donc de tenir un juste milieu, et de se montrer à la fois impassible et sévère ; conséquemment, toute maladie simple, réelle, notoire et légalement constatée, bien reconnue pour n'être ni factice ni simulée, et dont, d'après l'avis des officiers de santé, la guérison ne serait ni certaine ni probable au moyen d'un traitement méthodique, entrepris dans un hôpital pendant soixante jours, et sous la condition expresse de l'aptitude au service, deviendrait de droit un cas d'exclusion. Je ne suis point d'avis d'accorder des dispenses relatives.

Ce sont toutes ces considérations qui me font regarder comme des motifs irrécusables d'exemption du service militaire, les maladies et infirmités portées au tableau suivant.

TABLEAU N°. II.

DES MOTIFS D'EXEMPTION

DU SERVICE MILITAIRE.

MALADIES ET INFIRMITÉS.

Ulcères.

1°. Les ulcères invétérés, constitutionnels, d'un mauvais caractère.

2°. Les ulcères variqueux.

3°. Les ulcères atoniques et scorbutiques, invétérés.

4°. Les ulcères dartreux et rongeans.

5°. Les ulcères scrofuleux.

6°. Tous les ulcères, de quelque nature qu'ils soient, larges, profonds, situés sur les parties actives dans les mouvemens, et qui ayant détruit les chairs et dénudé les os, ne peuvent manquer de laisser des cicatrices étendues et adhérentes.

Fistules.

7°. Les fistules pénétrant dans les cavités osseuses, dans les sinus, les articulations, dans l'épaisseur des os spongieux, dans les glandes engorgées.

8°. Les fistules qui intéressent les conduits excréteurs, qui communiquent avec l'intérieur du larynx, de la poitrine et de l'abdomen.

9°. Les fistules urinaires et stercorales.

Abcès.

10°. Les abcès considérables qui proviennent d'une cause constitutionnelle.

11°. Les abcès froids, de cause interne, que leur situation peut faire avec raison soupçonner compliqués de la carie des os sous-jacens ou avoisinans.

12°. Les abcès par congestion; la maladie de Pott ou mal vertébral.

13°. Les abcès internes et profonds, prononcés à l'extérieur; ou ceux qui ont des rapports de communication avec les cavités ou les organes qu'elles renferment.

Tumeurs.

14°. Les tumeurs ou dilatations variqueuses, anévrismatiques, érectiles; les hématoncies volumineuses; le fongus hématodès.

15°. L'anévrisme des principaux troncs artériels, externes et internes.

16°. Les tumeurs froides, de cause interne.

17°. Les polypes du conduit auditif, des sinus frontaux et maxillaires, du nez, de la gorge, du pharynx, etc.

18°. Les excroissances variqueuses, fongueuses et sarcomateuses, incurables.

19°. L'engorgement considérable des glandes cervicales, sous-maxillaires, axillaires, inguinales; celui des glandes mésentériques ou le carreau.

20°. Les tumeurs lacrymales, salivaires, biliaires.

21°. Les tumeurs enkistées, externes et internes, volumineuses et multipliées, quelle que soit la nature du contenu du kiste, et qui ne sont curables que par le procédé opératoire.

22°. Les tumeurs osseuses.

23°. Les tumeurs blanches et fongueuses des articulations.

24°. Les tumeurs scrofuleuses, externes et internes.

25°. Les tumeurs cancroïdes ou excroissances carniformes de la peau.

Hernies.

26°. Les hernies abdominales, simples ou doubles, réductibles, irréductibles, faciles ou difficiles à maintenir réduites, même à l'aide du bandage le plus convenable.

27°. La hernie du poumon.

28°. La procidence ou hernie de l'iris.

29°. Les hernies ou déplacemens musculaires.

Dégénérations organiques.

30°. Le squirre, et toutes les excroissances squirreuses considérables.

31°. Le cancer et le carcinôme.

32°. L'ostéo-sarcôme.

33°. Les tubercules.

34°. La transformation des muscles en tissu blanc et graisseux.

35°. L'endurcissement chronique du tissu cellulaire du scrotum, d'un membre, etc.

> Quel que soit le siége de ces maladies, et la forme sous laquelle elles se montrent.

Maladies de la peau.

36°. Les dartres vives, humides et étendues, invétérées, constitutionnelles. La diathèse dartreuse confirmée.

37°. La gale rebelle et compliquée.

38°. L'éléphantiasis.

39°. La lèpre.

40°. La teigne.

41°. La phtiriase ou maladie pédiculaire.

42°. L'ichtyose nacrée, cornée ou pellagre.

Observation. Toutes les maladies de la peau, anciennes, héréditaires, dégoûtantes et susceptibles de se communiquer.

Maladies des Muscles.

43°. Les ruptures et déchiremens survenus aux portions charnues et tendineuses des muscles des extrémités inférieures.

44°. La rétraction permanente des muscles.

45°. Le torticolis ancien.

46°. L'atonie ou le relâchement constant des muscles d'une partie.

Maladies des Os.

47°. La carie, surtout celle des os spongieux.

48°. La nécrose.

49°. L'exostose.

50°. Le périostose.

51°. Le spina-ventosa.

52°. Le diastasis.

53°. Les luxations anciennes.

54°. Les fractures graves.

55°. Les entorses violentes avec déplacement complet ou incomplet des os.

56°. Le ramollissement et la fragilité des os.

57°. Le gonflement de la tête des os.

58°. Les corps étrangers dans les articulations.

59°. L'hydropisie des articulations.

Maladies nerveuses.

60°. La manie.

61°. La folie, démence ou aliénation mentale.

62°. L'idiotisme ou l'imbécillité.

63°. Les vertiges invétérés.

64°. L'épilepsie.

65°. Le somnambulisme.

66°. Le tic douloureux ou convulsif de la face.

67°. La difficulté de la déglutition par l'effet de la paralysie de l'œsophage.

68°. Le hoquet continuel.

69°. La dyspnée habituelle ou courte haleine.

70°. L'asthme continuel, confirmé, sec, humide ou catarrhal.

71°. L'asthme périodique ou convulsif.

72°. Les palpitations du cœur.

73°. Les pulsations fortes et habituelles à la région épigastrique.

74°. Le vomissement habituel, la rumination.

75°. La polyphagie, boulimie, voracité ou appétit insatiable.

76°. La sciatique.

77°. Le tremblement habituel de la tête ou de tout le corps.

78°. Le tremblement partiel ou général des extrémités.

79°. La danse de saint Guy.

80°. Les convulsions habituelles, générales ou partielles.

81°. La paralysie complète ou incomplète d'une partie.

Maladies générales ou constitutionnelles.

82°. Le rachitisme ou noueure.

83°. Les scrofules ou écrouelles abcédées, ulcérées.

84°. La constitution scrofuleuse seule, bien caractérisée par la débilité qui lui est inhérente.

85°. La faiblesse constitutionnelle et l'extrême maigreur (1).

86°. L'obésité ou polysarcie.

____

(1) Voyez ce qui a été dit plus haut au sujet de la taille.

87°. Le marasme décidé, avec ou sans fièvre, caractérisé par des signes d'éthisie ou de colliquation.

88°. La fièvre hectique avec ou sans lésion organique.

89°. La fièvre intermittente, chronique et rebelle à tou traitement.

90°. Le scorbut avancé.

91°. La cachexie scorbutique et vénérienne.

92°. L'anasarque.

93°. L'ictère chronique.

94°. La sueur générale et habituelle.

95°. La transpiration fétide.

Observation. Il est un état constitutionnel qui, loin de caractériser une santé parfaite, doit au contraire faire regarder le sujet qui le présente, comme étant dans un état voisin de la maladie, et par conséquent comme impropre au service: c'est l'excessive prédominance du système sanguin, ou la constitution pléthorique au suprême degré, chez un individu replet, dont la stature est petite et ramassée, qui a une grosse tête, le cou court, la face injectée, les veines saillantes, et qui ne pourrait se baisser, porter un col, agrafer l'habit uniforme, ni se coiffer d'un schako, sans que sa face ne devînt violette, et qu'il ne fût menacé d'une attaque d'apoplexie.

Maladies du Crâne.

96°. L'hydrocéphale.

Maladies des Oreilles.

97°. L'écoulement continuel, purulent et fétide, du conduit auditif.

Maladies des Yeux.

98°. La chute ou la paralysie de la paupière supérieure.

99°. L'ectropion, c'est-à-dire l'éraillement ou le renversement en dehors de la paupière inférieure.

100°. Le trichiasis ou le renversement en dedans de la même paupière.

101°. La lippitude ou le flux chassieux, habituel.

102°. Le flux palpébral, purulent et chronique.

103°. L'inflammation et l'ulcération chronique des paupières.

104°. Le mouvement involontaire des paupières.

105°, L'excroissance de la caroncule lacrymale.

106°. L'épiphora ou larmoiement continuel.

107°. Les varices de la conjonctive.

108°. L'ulcère et la fistule de la cornée.

109°. Le gonflement variqueux de la cornée transparente.

110°. Le staphylôme, tumeur ou prolongement de la même partie.

111°. Les taches ou nuages sur les yeux (le néphélion, l'albugo, le leucoma), situées vis à-vis la pupille, ou assez étendues pour obscurcir la vue, surtout de l'œil droit.

112°. L'ophthalmie chronique, habituelle et incurable.

113°. Les fluxions fréquentes et habituelles sur les yeux.

114°. Le ptérygion, onglet ou végétation de la cornée.

115°. L'hydrophthalmie.

116°. L'exophthalmie.

117°. L'égarement ou le clignotement habituel de l'œil droit.

118°. Les convulsions habituelles des yeux.

119°. La myopie ou vue courte.

120°. La diplopie ou vue double,

121°. L'amblyopie, ou vue affaiblie, confuse; vue vague.

122°. L'héméralopie ou vue diurne.

123°. La nyctalopie ou cécité nocturne.

124°. L'amaurose ou goutte-sereine.

125°. La faiblesse de la vue, causée par le déchirement ou l'éraillement de l'iris, par l'extrême sensibilité des yeux et le resserrement considérable de la pupille privée presque totalement du mouvement de dilatation.

126°. La cécité causée par ...... {
l'opacité totale de la cornée transparente. :

l'absence ou l'occlusion de la pupille.

l'adhérence contre nature de l'iris à la cornée.

la paralysie des nerfs de l'iris.

la cataracte.

l'opacité de l'humeur cristalline.

la coarctation permanente de la pupille.

la paralysie du nerf optique.

le glaucome.

127°. Le strabisme très-prononcé.

Maladies du Nez.

128°. L'hémorragie habituelle du nez.

129°. L'écoulement purulent et fétide du nez.

130°. L'ozène.

131°. Tout ulcère rebelle du nez, entretenu par un vice spécifique.

132°. Le gonflement des cartilages de la cloison du nez, oblitérant les fosses nasales.

Maladies de la Bouche.

133°. L'ankilose de la mâchoire inférieure.

134°. La tuméfaction ou le prolongement excessif de la langue.

135°. La carie générale des dents ; leur perte presque totale par cette cause ou toute autre.

136°. L'exubérance des amygdales.

137°. L'écoulement involontaire de la salive.

138°. L'haleine infecte par causes irrémédiables.

Maladies du Cou.

139°. Le goître ou bronchocèle assez volumineux pour

gêner la respiration, et empêcher l'homme de mettre son col et d'agrafer son habit.

140°. L'ossification de la glande thyroïde.

141°. La phthisie laryngée.

Maladies de la Poitrine.

142°. L'anévrisme du cœur et toutes les affections de cet organe.

143°. La phthisie au premier, au second et au troisième degré.

144°. L'hémoptysie par disposition originaire, habituelle ou périodique.

145°. L'hydrothorax ou hydropisie de poitrine.

146°. L'hydropéricarde.

Maladies du Bas-Ventre.

147°. La péritonite chronique.

148°. L'inflammation ou l'engorgement chronique d'un ou de plusieurs viscères abdominaux.

149°. La phthisie de ces mêmes viscères.

150°. L'ascite.

151°. L'hématémèse.

152°. Le mélæna ou maladie noire.

153°. L'existence du ténia ou ver solitaire.

154°. La dyssenterie chronique ou phthisie intestinale.

155°. Le flux de sang intestinal, habituel et chronique.

156°. L'incontinence permanente des matières fécales.

157°. Les tumeurs hémorroïdales internes.

158°. Le flux hémorroïdal, périodique et abondant.

159°. Les hémorroïdes ulcérées.

160°. La chute habituelle du rectum.

Maladies des Voies urinaires et des Parties génitales.

161°. La gravelle ou néphrite calculeuse.

162°. L'hématurie ou pissement de sang (1).

163°. La rétention continuelle ou fréquente de l'urine, par l'effet des affections chroniques de l'urètre et de la vessie.

164°. Le catarrhe chronique de la vessie.

165°. Le calcul vésical.

166°. L'incontinence d'urine.

167°. Le diabète.

168°. La rétraction permanente d'un ou des deux testicules, au point de s'engager douloureusement dans l'anneau.

169°. L'hydrocèle vaginale et celle du cordon.

170°. Le varicocèle.

171°. Le cirsocèle.

172°. L'hématocèle.

173°. Le sarcocèle.

Observation. Tontes les affections graves dn scrotum, des testicules et des cordons spermatiques, incurables.

Maladies des extrémités supérieures et inférieures.

174°. Les verrues nombreuses et volumineuses, couvrant les mains de manière à gêner le jeu des doigts.

175°. Le relâchement des capsules et des ligamens articulaires, avec mobilité extraordinaire et luxation volontaire ou involontaire des os.

176°. Les varices noueuses, volumineuses, multipliées ou ramassées sous forme de tumeur.

177°. Le rhumatisme fibreux ou arthritisme chronique, avec gonflement des articulations, engorgement des tissus environnans, gêne, difficulté ou impossibilité de faire des mouvemens.

178°. Les douleurs rhumatismales chroniques.

179°. L'œdème habituel des extrémités inférieures.

180°. La sueur abondante et habituelle des pieds.

181°. Les ongles profondément incarnés.

(1) On considérera comme des cas de réforme les hémorragies insolites et abondantes par un point quelconque des surfaces muqueuses.

3°. MALADIES CURABLES PAR UNE OPÉRATION CHIRURGICALE.

Les maladies qui ne sont curables qu'à l'aide de l'instrument tranchant deviennent à juste titre des cas de dispense absolue. En effet, on ne pourrait jamais, sans exercer une injuste et dangereuse violence, forcer le jeune soldat qui se trouve dans cette position, à courir les chances d'une opération quelquefois très-grave, malgré l'apparence du succès et l'obligation où il sera peut-être tôt ou tard d'y avoir spontanément recours, pour ne point voir sa vie en danger. Les cas d'exception pour cette cause sont compris dans le tableau précédent, N°. II.

On ne regardera cependant point comme des cas d'exemption, les maladies légères dont une opération très-simple peut faire cesser la cause et procurer la prompte guérison, telles qu'une fistule sous-cutanée, dentaire, un abcès idiopathique, une petite tumeur enkistée, une excroissance, la réunion de deux doigts par une membrane facile à diviser, etc.

4°. MALADIES AIGUES OU CHRONIQUES, SUSCEPTIBLES D'UNE GUÉRISON PROMPTE ET RADICALE.

Il est certain qu'un grand nombre de jeunes gens peuvent être admis comme propres au service militaire, quoiqu'atteints de maladies et d'infirmités aiguës ou chroniques, susceptibles d'une guérison prompte et radicale, que l'on jugerait à tort devoir être des motifs d'exemption. Mais, par la raison que ces jeunes gens ont cherché à faire valoir leurs maladies et leurs infirmités dans l'espoir de réussir à se faire dispenser du service, il ne faut rien moins que le regret et le dépit d'être définitivement inscrits pour être soldats, joints aux coupables suggestions de leurs parens, pour leur faire aveuglément croire qu'il est de leur intérêt de les entretenir et de les agraver même, afin d'être hors d'état d'entrer en activité de service au moment de l'appel, ou bien pour rester au dépôt et tenter de s'y faire réformer pour cause d'incapacité. Je regarde comme une chose très-essentielle de surveiller jusqu'au moment de leur mise en activité les jeunes gens qui, déclarés propres au service, se trouvent dans le cas dont il est question : or voici ce que je propose. Ces jeunes gens seront désignés de suite, par un avis spécial de M. le président du conseil de révision, au maire de leur commune, qui demeurera chargé, sous sa responsabilité personnelle, de les obliger à se faire traiter à domicile et à leurs frais, et qui, en cas de défaut de moyens, imputera la dépense du traitement au compte de la commune. Le maire nommerait à cet effet, d'office, un docteur en chirurgie ou en médecine, qui serait tenu de lui adresser un rapport individuel tous les cinq jours.

Il résulterait de cette mesure que je crois très-praticable, qu'on n'incorporerait, au moment de la réunion du contingent départemental, que des sujets sains et bien portants, et qu'on n'aurait que très-peu d'hommes à envoyer aux hôpitaux : ce serait d'ailleurs un objet d'économie pour le Gouvernement.

5°. MALADIES OU INFIRMITÉS OBSCURES, DIFFICILES À CONSTATER, ET AU SUJET DESQUELLES ON DOIT DIFFÉRER DE PRONONCER L'ADMISSION OU LE REJET DES INDIVIDUS.

Il n'est point donné au médecin même le plus instruit, de pouvoir toujours émettre de suite son avis sur une maladie ou infirmité soumise pour la première fois à son examen, surtout lorsqu'il n'aperçoit aucun signe diagnostique de lésion organique et d'altération dans la santé ; quand il conçoit des doutes, qu'il est privé des éclaircissemens nécessaires, et qu'il ne peut ajouter foi aux réponses louches faites aux questions qui ont été adressées à l'individu sur lequel le conseil attend d'être éclairé. Ce seroit donc être trop présomptueux et s'exposer volontairement à se tromper ou à être trompé, que de prononcer sur-le-champ et d'une manière affirmative sur toutes les maladies ou infirmités qui se présentent. Le parti le plus sage, c'est de demander l'ajournement et de le répéter même, si le cas l'exige, afin de revoir et d'examiner diversement et à plusieurs reprises les sujets, et d'asseoir sur leur compte un jugement qui ne puisse pas dans la suite se trouver faux. Le nombre de jours de délai à accorder doit être proposé par les officiers de santé, et il ne pourra être prorogé au-delà de quinze jours avant la fin de la clôture de la liste départementale, afin que les jeunes gens qui n'auraient point été jugés dans le cas de l'exemption puissent encore avoir le temps de se faire remplacer.

Dans tous les cas d'ajournement, soit parce que les jeunes gens ne se sont point présentés au conseil pour cause de maladies qui les ont empêché de s'y rendre, soit parce que les officiers de santé sont embarrassés pour émettre un avis impromptu, qui doit être fondé sur la pleine conviction, des suppléans en nombre égal à celui des individus ajournés seront toujours désignés et visités comme s'ils devaient positivement marcher, quoiqu'ils ne soient au fond appelés que conditionnellement.

6°. Maladies dissimulées.

La dissimulation des hommes de nouvelle levée consiste à taire et à cacher les maladies et les infirmités qui s'opposeraient à leur entrée au service. Les officiers de santé devront apporter une attention minutieuse et la plus grande circonspection pour démasquer la tromperie et atteindre la vérité.

J'ai déjà dit, en parlant de la nécessité de visiter tous les jeunes gens indistinctement, qu'il s'en trouvait, et j'en ai donné la preuve, qui cachaient soigneusement leurs infirmités, et ne balançaient point entre le regret de marcher et la crainte ou la honte de les dévoiler. Ce sont surtout les hommes qui se proposent pour remplaçans, qui ont un intérêt visible et formel à céler les moindres causes qui peuvent les faire refuser, les perdre de réputation, et les empêcher d'arriver à leur but qui est de contracter, moyennant une somme d'argent convenue sur laquelle ils touchent de suite quelques avances, un engagement qu'ils savent ne pouvoir remplir en ce qui concerne le service militaire qui leur sera imposé. Tout remplaçant est à bon droit suspect. On ne saurait donc être trop clairvoyant, si l'on ne veut point s'exposer à être dupe de la malice et de l'astuce des hommes de cette classe, avec lesquels la méfiance est la mère de la sûreté.

Certaines maladies dissimulées sont souvent tout-à-fait méconnaissables chez les hommes robustes et bien constitués, dont la santé n'en souffre point, et dont l'habitude extérieure du corps ne laisse remarquer aucune altération apparente qui puisse déceler une maladie occulte. Il est d'ailleurs d'autant plus facile d'être trompé que les officiers de santé ne peuvent accorder qu'un très-court espace de temps à l'examen de chaque individu; mais, en cas de doute et de soupçon, ils feront toujours bien de demander l'ajournement de l'admission du remplaçant que le remplacé sera tenu de représenter à une des prochaines séances, pour le soumettre à d'autres épreuves.

Quoiqu'il semble impossible de cacher les maladies ou les infirmités dont l'existence est palpable, et que l'œil et le tact peuvent découvrir sans peine, il en est cependant que l'on fait cesser et disparaître momentanément, ou bien que l'on masque avec des moyens artificiels. Un remplaçant peut facilement faire rentrer une hernie inguinale au moment même où il va se présenter devant le conseil. On a vu un individu qui avait perdu la presque totalité des dents de la mâchoire supépérieure en imposer par un faux ratelier. Une chaussure artistement faite dérobe le léger raccourcissement d'une extrémité inférieure. J'ai une fois déclaré impropre au service, pour cause de la dépilation complète du sommet de la tête, un individu qui me fut amené par celui qui avait l'intention de le proposer pour son remplaçant, mais qui, avant de contracter un engagement avec lui, tenait, avec raison, à être certain qu'il fût admissible. Deux mois après, le même individu se présenta chez moi pour le même sujet, dans la croyance que je ne me rappellerais plus de lui ; mais je reconnus aussitôt la supercherie du faux toupet avec lequel il avait masqué la nudité du sinciput.

Il n'y a donc guère que les maladies périodiques et intermittentes que les dissimulateurs puissent réussir à cacher, ou bien celles dont on ne peut absolument, à raison de leur siége et de l'obscurité de leur diagnostic, constater sur-le-champ l'existence. Aussi, quelqu'attention que l'on mette à l'examen des hommes de nouvelle levée, quelque scrupuleuse que soit l'exactitude à se procurer des renseignemens sur leur compte, on ne parviendra jamais à prévenir et à empêcher que quelques hommes atteints de maladies ou d'infirmités dont les signes ne

frappent point les sens, et qu'ils auront aussi adroitement que malicieusement dissimulées, n'entrent
pas dans la formation des contingens.

Je ne donne, ci-après, une notice énumérative
des maladies et des infirmités qui peuvent être dissimulées devant les conseils de révision, qu'afin de
provoquer l'éveil des consultans sur ce point. Je
les distinguerai, 1°. en celles que le déguisement
empêche d'apercevoir sur le moment; 2°. En
celles qu'on ne peut découvrir et connoître qu'à
la longue, parce qu'il faut qu'elles se décèlent
d'elles-mêmes et soient mises en évidence par l'apparition de leurs accès et de leurs symptômes, ou
bien parce que les individus sont forcés ou croient
qu'il est de leur intérêt de les accuser.

MALADIES DISSIMULÉES.

1°.

1°. La dépilation du cuir chevelu.

2°. La chute des sourcils.

3°. La perte des dents.

4°. L'haleine fétide.

5°. La hernie inguinale.

6°. L'incontinence des matières fécales.

7°. La chute habituelle du rectum.

8°. La rétention ou l'incontinence d'urine.

9°. La sortie de l'urine par le nombril.

10°. La sueur habituelle des pieds.

11°. Le raccourcissement d'une extrémité inférieure.

2°.

12°. L'absence ou le défaut absolu de mémoire.

13°. La myopie.

14°. L'épilepsie.

15°. Le somnambulisme.

16°. L'hémoptysie périodique.

17°. L'asthme.

18°. L'existence du ténia ou ver solitaire.

19°. Le vomissement habituel.

20°. La voracité ou l'appétit insatiable.

21°. La rumination.

22°. La gravelle.

23°. Le flux hémorroïdal.

24°. Le catarrhe chronique de la
vessie.

25°. Les douleurs rhumatismales
et névralgiques.

26°. La fièvre intermittente, chronique et rebelle.

27°. L'épuisement des forces.

L'Etat ne doit point continuer, comme je l'ai déjà dit, à être dupe de la ruse et de la fourberie des remplaçans ; il est grandement de l'intérêt du gouvernement de prendre des mesures sévères à l'égard de ceux qui auraient caché, lors de leur comparution devant le conseil de révision, des maladies et des infirmités qu'ils viendraient ensuite accuser, étant au corps, ou qui leur seraient reconnues par les chirurgiens-majors des régimens pendant leur première année de service.

7°. MALADIES SIMULÉES ET FACTICES.

Les jeunes gens sont seuls intéressés à simuler devant les conseils de révision des maladies et des infirmités, dans la vue de se soustraire aux obligations de la loi. Il est certes bien condamnable ce triste et odieux mobile qui les porte à se créer et à feindre des maux qu'ils n'ont pas, et à en conserver encore la coupable habitude après leur arrivée au régiment, jusqu'à ce qu'enfin l'exemple de leurs camarades qui servent bien, les moyens licites de discipline militaire, leur patience mise à bout, la conviction de l'inutilité de leur manége et l'approche du dénouement, les déterminent à changer de rôle, ce qui cependant n'a pas toujours lieu, car il en est qui feignent avec un art invincible, une constance à toute épreuve et une opiniâtreté décourageante. Il n'est rien que l'esprit n'invente, la malice ne trouve, et la ruse ne conseille, pour tromper le médecin et lui faire prendre le faux pour le vrai, l'apparence pour la réalité. L'imbécille même devient alors fertile en expédiens, et porte loin le talent admirable de l'imitation et le raffinement de la fourberie. La simulation ou la feinte est donc une guerre ouverte déclarée au vrai savoir qui se trouvera certainement déçu, s'il s'en rapporte à des dehors trompeurs dont l'effet a été calculé d'avance, et qui en ont malheureusement imposé déjà à des hommes instruits et clairvoyans. La myopie, l'aphonie, le mutisme, ont été simulés au point qu'on s'est vu forcé de renvoyer, comme incapables de continuer à servir, des individus qui paraissaient en être réellement atteints, et qui une fois congédiés, n'ont pas tardé à jeter effrontément le masque de la simulation, et à insulter avec le ton de l'impudence et de l'ironie la religion et la bonne foi trompées.

J'ai appris à me défier des jeunes gens qui, soit devant le conseil de révision, soit au corps, accusent une maladie cachée et préventivement douteuse. Leur manière de s'exprimer les trahit, et décèle qu'ils ont été bien instruits par des hommes de l'art excessivement complaisans, qui les ont mis en état de répondre cathégoriquement aux interrogations que conduit à leur faire la connaissance de la maladie dont ils se prétendent affectés. Tel fut le cas d'un jeune soldat de la levée de 1816, qui se disait atteint du ver solitaire : le degré d'abstinence auquel il se condamnait volontairement, l'avait jeté dans un état de pâleur et de maigreur, qui joint aux symptômes nerveux qu'il accusait, était d'autant plus propre à m'en imposer et à me faire croire, jusqu'à un certain point, sa maladie réelle, que cet homme satisfaisait ponctuellement et favorablement à toutes les questions que je lui faisais sur son état; mais m'étant ravisé, et certain de sa fourberie, je le menaçai de le traiter avec sévérité : quelques jours de punition de salle de police le firent réfléchir que sa ruse ne le conduirait à rien de bon ; il cessa dès-lors son manége, et depuis il sert bien.

Les officiers de santé doivent, pour l'utilité de la chose, l'honneur de la médecine légale et leur propre satisfaction, faire preuve d'un tact fin et délicat, d'un jugement sain et d'un talent exercé. Ils ne se montreront ni trop incrédules, ni trop confians ; leur sagesse et leur justice se feront surtout remarquer par les soins apportés à éviter une erreur préjudiciable, et en procédant avec calme et sang-froid à l'examen d'une maladie que leurs connaissances, leur expérience fondée sur l'habitude de voir et de comparer, ainsi que la manière dont l'individu l'accuse, leur feraient préjuger, au premier coup d'œil, simulée et volontaire. L'art de parvenir à la découverte de la vérité veut qu'on ne témoigne point de suite une trop grande défiance, que l'on emploie des moyens persuasifs,

que l'on mêle la douceur à la sévérité , et que l'on
sache enfin opposer adroitement la ruse à la ruse.
Les maladies feintes , mais évidentes , peuvent toujours être facilement discernées de celles qui sont
réelles et franchement produites. Il est une manière de scruter chaque maladie ou infirmité en
particulier, mais dont l'exposition serait dispro-
portionnée avec les limites de ce Mémoire : nous
dirons seulement qu'on ne retrouve point dans la
maladie simulée les caractères qui appartiennent à
l'affection propre et vraie , ni ces symptômes
dits pathognomoniques qui lancent le vrai trait
de lumière. Ainsi, l'âge, le tempérament de l'individu , son genre de vie, le siége et la cause assi-
gnée à la maladie, la manière dont les parties sont
affectées, les faux mouvemens qui trahissent, l'op-
position mise à se laisser explorer et à s'abandonner de confiance aux examinateurs, les plaintes
et les cris, quand aucune souffrance ne peut y donner lieu, les réponses à des questions adroites et
insidieuses, les subterfuges, les contradictions,
l'embarras, le jeu de la physionomie, les distrac-
tions , donneront la certitude que la maladie
n'existe réellement point, et qu'elle est le résultat d'une ferme volonté, de la fraude ou d'une
violence extérieure : on estimera en conséquence
qu'il n'y a point lieu à exempter du service.

On aura encore le plus souvent à s'applaudir de
s'être tenu en garde contre la maigreur, la non-
chalance ou l'espèce de langueur et de torpeur
avec laquelle certains jeunes gens, se disant fai-

bles de tempérament, infirmes, valétudinaires, se présentent devant le conseil de révision, appuyés sur un bâton ou une petite béquille, vêtus avec des habits courts, minces et étriqués, afin de diminuer leur corpulence, d'allonger leur individu, et d'exciter ainsi par le tableau d'une complexion prétendue grêle et chétive, la compassion des membres du conseil. Leur état supposé n'est ordinairement autre chose qu'un épuisement feint, qu'une débilité factice et passagère qu'ils ont produite en très-peu de temps par le jeûne et l'abstinence, par la saignée, les lavemens, les purgatifs, la boisson de vinaigre pur ou d'eau fortement vinaigrée, etc. Il en est qui pensent qu'on les croira sur parole ; mais la force et la santé peintes sur l'habitude extérieure de leur corps déposent trop ouvertement contre leurs assertions purement gratuites.

Plus d'un fait prouve, cependant, que dans quelques maladies les hommes de l'art les plus consommés seraient facilement induits en erreur, s'ils avaient la bonhomie de s'en rapporter à des signes extérieurs et illusoires qui secondent parfaitement l'intention et la méchanceté de celui qui feint. Il est reconnu, par exemple, que quelques jeunes gens se préparent de longue main à se faire exempter, en donnant à leurs yeux une apparence de myopie qui n'est au fond qu'une vue mixte, contractée par l'habitude de porter des lunettes, dont ils savent fort bien se passer peu de temps après le succès de leur rôle, ou dont ils ne se servent que très-rarement, sans autre utilité que celle de vouloir persévérer à convaincre les incrédules de la réalité de l'affection supposée qui les a fait juger à tort inhabiles au service (1). Un membre tenu dans l'inaction, dans un état de flexion permanente, comprimé même au moyen d'un bandage roulé pendant deux ou trois mois avant l'époque de la tenue du conseil de révision, peut fort bien en imposer par son amaigrissement factice, par sa roideur, et par la gêne ou le défaut de mouvement. On a vu certains individus s'exercer, de dessein prémédité, à marcher sur le bord externe du pied, à contrefaire la claudication à s'y méprendre, ou bien forcer les doigts des pieds à se courber en portant des souliers très-courts, ce qui joint au défaut de propreté, amenait immanquablement l'excoriation des orteils. Que l'on juge, d'après cela, combien il faut être attentif et réfléchi pour déjouer la ruse et démasquer un fourbe.

Nous classerons les maladies susceptibles d'être simulées, de la manière suivante :

A. *Maladies simulées, dépendant uniquement de la volonté, qui règle seule les mouvemens et l'état prétendu vicié ou désordonné de l'économie animale.*

SAVOIR :

1°. L'épilepsie.

2°. L'idiotisme.

3°. L'absence de la mémoire.

4°. La folie ou démence mélancolique.

5°. La manie.

(1) Il est pourtant certain que l'emploi de ce moyen trop longtemps continué, après avoir affecté la vue, finit par la détruire et par mettre les individus dans l'obligation de ne pouvoir se passer de bésicles.

6°. La surdité.

7°. La chute de la paupière supérieure de l'œil droit.

8°. Le mouvement involontaire des paupières.

9°. Le strabisme.

10°. Les mouvemens convulsifs des paupières et des yeux.

11°. Le mutisme.

12°. L'aphonie.

13°. Le bégaiement.

14°. Le torticolis.

15°. La gibbosité.

16°. La voussure du dos.

17°. La courbure de la colonne épinière.

18°. Le vomissement volontaire.

19°. La rumination.

20°. La rétention et l'incontinence d'urine.

21°. Le tremblement partiel ou général.

22°. La paralysie.

23°. La rétraction ou la flexion continuelle des doigts et des membres.

24°. La claudication.

25°. Les douleurs rhumatismales et névralgiques.

26°. L'élévation d'une épaule.

27°. La roideur et l'ankilose d'un membre jou d'une portion de ce membre.

28°. Le raccourcissement ou la déviation d'un membre.

29°. L'inversion ou la torsion des pieds.

Il n'existe, dans les cas précédens, aucune espèce de vice ou de difformité physique, aucune altération organique, ni aucune marque réelle de lésion de la sensibilité, qui puisse engager à ajouter foi à la manifestation de pareils motifs de dispense. Il suffit de la volonté, de la facilité et de l'habitude familière avec la simulation chez un individu décidé à feindre, pour qu'il suppose ou accuse faussement une maladie qu'il n'est pas toujours possible aux officiers de santé de constater sans désemparer, tant à cause de l'obscurité du diagnostic de l'affection réelle qui doit toujours servir de type ou de point de comparaison, qu'à raison du défaut ou de l'absence actuelle et totale des signes et indices propres à en confirmer l'existence. Aussi, doit-on moins

consulter alors les hommes de l'art, que chercher à
obtenir des renseignemens certains près de ceux
qui peuvent seuls les donner. Lorsque ces renseignemens ne seront point suffisans, le conseil pro-
clamera l'admission.

B. *Maladies simulées et imitées volontairement avec
des moyens artificiels, mais sans aucune altération de tissu, ni lésion importante de fonctions.*

SAVOIR :

1°. La jaunisse.

2°. Les échimoses.

3°. La phthiriase ou maladie pédiculaire.

4°. L'écoulement purulent des
oreilles.

5°. L'hémoptysie ou crachement
de sang.

6°. L'hématémèse ou vomissement
de sang.

7°. La hernie inguinale et scrotale.

8o. La chute du rectum.

9°. Les hémorroïdes internes.

10o. L'hématurie ou pissement de
sang.

11o. L'excrétion de calculs.

12o. Le changement de la couleur
et de la consistance de l'urine.

13o. Le flux hémorroïdal.

14°. Les varices.

La manifestation des symptômes véritablement
caractéristiques d'une affection, qui sont simulés
dans un sens tout-à-fait opposé, sert encore à indiquer positivement la fourberie. En voici un exemple
que je me plais à citer, et qui m'a été communi-
qué par un de mes amis, le docteur Lorey, chirurgien-major retraité. Un homme simulait parfaitement une hémiplégie dont l'apparence en avait
imposé à un chirurgien très-instruit : il ne fallut
qu'un peu de réflexion pour faire reconnaître de
suite que la maladie était feinte et que le délinquant
se trahissait lui-même, parce que la contraction des

muscles, qui dans la maladie réelle porte la commissure des lèvres en dehors, et a pour cause le défaut d'action des muscles antagonistes, avait lieu du côté même prétendu paralysé, ce qui était évidemment contraire à l'observation et à la théorie admise.

L'étude particulière des affections simulées de cette deuxième classe nous offrirait des exemples curieux de stratagèmes qui, s'ils ne déshonoraient pas l'homme qui les emploie, et ne caractérisaient pas sa pusillanimité, ou plutôt sa lâcheté et son horreur pour le service militaire, pourraient lui mériter, comme inventeur, un léger tribut d'admiration. Les jeunes gens qui se préparent à imiter les maladies énoncées dans cette seconde section, ne tirent pas toujours de leur propre fond l'idée bizarre de leur singulière malice en ce genre : les parens, les amis, les commères et les guérisseurs de village sont leurs bons et fidèles conseillers. Les uns se teignent la peau avec une forte infusion de safran, l'encre, le suc de baies d'hièble, ou la décoction de plantes et de bois à teinture, etc.; les autres s'injectent du pus dans les oreilles; ceux-ci avalent du sang pur ou délayé, en imprègnent des linges, boivent des liqueurs rouges nitrées, tiennent un morceau de bol d'Arménie dans la bouche, pour teindre leur salive, ou mangent abondamment des racines et des fruits qui colorent l'urine en rouge ; ceux-là s'appliquent ou s'introduisent artistement des substances préparées qui, aux yeux de l'homme non prévenu, imitent parfaitement une maladie réelle. Il en est qui s'appliquent des ligatures sur les membres pour ralentir et intercepter la circulation, faire paraître le pouls plus faible, et forcer des varices légères à se prononcer de manière à représenter un état maladif très-apparent : mais c'est le plus souvent peine perdue pour eux, et il ne leur reste que la honte d'une tentative ridicule et infructueuse ; tant il est facile, dans les cas ci-dessus mentionnés, de séparer le faux du vrai, pour peu que l'on soit animé de son devoir, attentif, réfléchi, et bien décidé à ne point s'en laisser bonnement imposer par une simulation aussi ouverte et par trop grossière !

C. *Maladies simulées, factices et volontaires, imitées par l'application, à l'extérieur ou à l'intérieur, d'agens qui produisent une altération ou un changement contre nature dans la forme, le volume, l'intégrité, la continuité et la sensibilité de diverses parties du corps.*

SAVOIR :

1º. Les plaies.

2º. Les mutilations.

3º. Les ulcères.

4º. Les dartres.

5º. La teigne.

6º. L'éruption de pustules et de pétéchies.

7º. L'ophthalmie.

8º. Le scorbut des gencives.

9º. La carie, la destruction partielle ou la perte presque totale des dents.

10º. L'hydrocéphale.

11º. Les vertiges.

12º. La folie furieuse.

13º. L'emphysème.

14º. L'ascite.

15º. La tympanite.

16º. L'hydrocèle.

17º. Le pneumatocèle.

18º. La hernie inguinale et scrotale.

19º. Le vomissement des alimens.

20º. La faiblesse du pouls.

21º. Les défaillances et la syncope.

22º. Les palpitations du cœur.

23º. L'amaurose ou goutte-sereine.

24º. La fièvre.

25.º L'émaciation et l'épuisement des forces.

Combien n'est-il pas affreux de voir que les jeunes gens appelés à servir honorablement l'Etat sont quelquefois poussés par une sorte de délire sombre et tranquille à simuler des maladies qui n'imitent que trop bien la nature, et à se mutiler volontairement, dans l'espoir d'échapper au sort qui les voue pendant un temps déterminé à la profession des armes! La mutilation surtout a quelque chose d'indigne et de criminel, qui devrait tourner à la honte de celui qui a eu la poltronnerie et l'infâme courage de se faire violence à l'aide d'un instrument meurtrier. Quelques exemples prouvent que des opérations graves, et même la mort, ont été les suites de ces odieuses et coupables manœuvres.

Les mutilations volontaires ne diffèrent point toujours d'une manière assez tranchante des mutilations accidentelles, pour qu'il soit facile de prononcer immédiatement sur le compte des jeunes gens qui se présentent avec de pareilles infirmités. Il est cependant de la plus haute importance que le conseil de révision prenne des informations exactes sur les causes et les circonstances de la mutilation, afin de statuer sur la fausseté ou la vérité du fait, et que dans le cas où il serait prouvé que la mutilation a été tout-à-fait volontaire, l'homme fût mis à la disposition de S. E. le Ministre de la guerre. Des peines sévères devraient être portées, afin de prévenir de semblables violences et d'effrayer ceux qui, ennemis d'eux mêmes, seroient tentés de recourir à de semblables moyens pour se rendre impropres à servir le Roi et leur pays.

Les voies suivies par les jeunes gens pour se procurer des maladies et des infirmités factices, sont très-variées, et il n'est que trop commun de voir des marchands de drogues, des charlatans, de cupides médicastres de campagne et des jongleurs de toute espèce, leur prêter leurs intéressés et malfaisans services. Il ne sera pas inutile de rappeler quelques-unes des ressources en ce genre; leur connaissance peut aider à découvrir la fourberie. Les uns emploient à se faire des solutions de continuité, sur les extrémités inférieures surtout, et à imiter des affections cutanées, des substances rubéfiantes, irritantes, caustiques, solides ou liquides, telles que les vésicatoires, le sinapisme, la teinture de cantharides, l'acide nitrique, certaines plantes âcres, la chaux vive, le phosphore, une forte solution alcaline et autres lotions douées des mêmes propriétés; les autres se procurent une ophthalmie en irritant les yeux avec un morceau d'une grosse étoffe de laine, en s'introduisant du tabac entre les paupières, ou par l'action d'une lotion irritante, par l'exposition répétée des yeux à une vapeur de même nature ou à un vent coulis, etc. Un individu avait assez bien simulé la teigne, en appliquant sur le cuir chevelu une pâte irritante composée avec du beurre rance, du miel jaune, du soufre et une petite quantité de cantharides en poudre : sa tête exhalait une odeur extrêmement fétide et repoussante , qui était capable de faire croire la maladie réelle à celui qui se serait borné à un examen superficiel. On a vu un homme tenter d'imiter le scorbut des gencives, en masticant du nitrate d'argent qui en causa l'érosion et l'ulcération. L'extraction des dents, l'action sur elles d'une liqueur corrosive, sont malheureusement des moyens trop connus. J'ai vu un individu appartenant à la légion des Ardennes, qui croyant se faire exempter, s'était fait couper avec des pinces ou des petites tenailles, un peu au-dessous de leur collet, les dents incisives et canines de la mâchoire supérieure, dont il avoit sans doute ouï dire que la perte était un cas de dispense du service militaire. L'insufflation de l'air par une ouverture faite à la peau, et à l'aide d'une seringue, d'un tube ou d'un chalumeau, est imitée des bouchers qui soufflent leurs animaux. Il en est qui simulent une hydropisie ascite et vaginale, moyennant l'injection d'un liquide aqueux et innocent. L'émétique , le tabac, avalés ou mêlés adroitement, à petites doses et à diverses reprises, aux alimens, procurent le vomissement annoncé. L'ingestion de substances particulières et vénéneuses , dont la connaissance devrait toujours rester profondément cachée au vulgaire, produit la faiblesse du pouls, la folie furieuse, les palpitations et la goutte-sereine. La fièvre, enfin, a été simulée à l'aide de suppositoires âcres et corrosifs.

Je ne peux que rappeler ici ce que j'ai déjà dit à l'occasion des maladies douteuses, dissimulées et

difficiles à constater : l'ajournement en facilitera
l'examen qui, plusieurs fois répété, confirmera ou in-
firmera l'existence de celles qui sont soupçonnées
d'être feintes. Les hommes atteints de maladies
factices devront être aussi spécialement surveillés
par le maire qui les forcera à se faire traiter, ou qui
les fera traiter aux frais de la commune. Il serait
préférable que tout individu appelé, convaincu de
s'être procuré une maladie qui exige des soins particuliers et méthodiques, fût placé de suite à l'hôpital et traité à ses dépens, à raison du prix de la
journée, fixé par le gouvernement.

Ce n'est pas sans raison que nous rappellerons
ici dans l'intérêt de l'humanité et d'une bonne
administration civile, qu'il est du devoir des fonc-
tionnaires publics de couper pied au mal, ou du
moins de l'attaquer dans quelques-unes de ses racines, en mettant à exécution les lois et les règle-
mens de police concernant l'exercice de la médecine ainsi que la vente et la distribution des
médicamens et autres substances nuisibles, qui
semblent totalement oubliés, et qui devraient
pourtant être maintenus dans la plus grande vi-
gueur. L'honnête homme gémit chaque jour de
voir le vulgaire, simple, crédule et toujours facile
à tromper, devenir la dupe ou la triste victime
de charlatans déhontés et de nombreux guérisseurs, qui sont aussi ignorans qu'ils se montrent
officieux et empressés à mal faire.

Ainsi, toutes les fois qu'il existera des preuves
certaines que des jeunes gens désignés par le sort

et convoqués devant le conseil de révision se sont créé des maladies et des infirmités, au moyen de substances qui leur auront été vendues, ou dont l'application leur aura été faite par des personnes intéressées, à dessein de les mettre en état de produire des motifs pour réclamer l'exemption du service militaire, il est vivement à désirer de voir MM. les préfets prompts à déférer aux tribunaux civils une plainte contre les auteurs des délits contraventionnels dont il est question. Ce n'est que par une grande sévérité envers les délinquans, que l'on préviendra une infinité d'actions aussi honteuses que coupables, et qui ne se multiplient souvent que par l'effet de l'impunité et du mauvais exemple.

8°. Renseignemens a obtenir par les conseils de révision dans les cas de maladies obscures, difficiles a constater, factices ou simulées.

Autant les renseignemens exigés par la loi sont indispensables pour éclairer la conscience des membres du conseil et fonder leur jugement, autant ces mêmes renseignemens doivent être impartiaux, positifs et authentiques. Pour leur assurer ces qualités, je vois peu de choses à ajouter à ce qui est prescrit par les instructions sur les appels. Voici, cependant, ce qui me paraîtrait désirable à ce sujet.

Les jeunes gens qui ont à faire valoir une maladie ou une infirmité dont la confirmation exige des renseignemens particuliers, seraient tenus de présenter trois certificats délivrés par trois personnes de leur commune, d'une moralité connue, et les plus dignes de confiance. Le premier le serait par le maire; le second par le chirurgien ou le médecin qui a connu ou traité le jeune homme nominativement désigné; et le troisième par le curé de la paroisse. Ces certificats porteraient que l'infirme est atteint réellement et depuis long-temps de la maladie accusée; qu'il a été constamment vu dans cet état; que tout soupçon de simulation doit être éloigné, et foi peut être ajoutée à sa réclamation.

Lecture faite, à haute et intelligible voix, de ces certificats pour leur donner un caractère de notoriété publique, M. le président du conseil interpellerait à son choix, l'un après l'autre, trois pères de famille, et trois jeunes gens de la même classe et de la même commune, qui ne seraient point leurs fils, et qui déclareraient n'être ni parens, ni alliés, ni serviteurs de l'individu actuellement appelé, ce que confirmerait le maire. Ces jeunes gens seraient choisis parmi ceux dont les numéros sont supérieurs au sien. Lorsque la liste de tirage toucherait à sa fin, on interpellerait les jeunes gens qui ont des numéros inférieurs, et qui, peut-être, rendront plutôt hommage à la vérité, que ceux qui ont des numéros supérieurs. Il serait pris note de l'enquête ainsi faite publiquement, et s'il arrivait pendant les six mois qui suivront la clôture de la liste départementale, qu'il fût prouvé que les certificats et les renseignemens donnés étaient faux et trompeurs, et qu'un individu a été injustement admis ou exempté à tort, dans l'un et l'autre cas son remplacement serait ordonné aux dépens de ceux qui ont signé les certificats et fait de fausses déclarations devant le conseil de révision.

Les certificats demandés ne seront des pièces juridiquement exigibles que dans les cas de maladies et d'infirmités sans signes extérieurs ou caractères apparens, et que les jeunes gens peuvent, pour cette raison, simuler à volonté.

On ne doit tenir aucun compte de tous les autres certificats ; d'abord parce que leur lecture, le plus souvent insignifiante, ferait perdre beaucoup de temps ; ensuite, parce qu'il est bien reconnu qu'ils ne méritent aucune confiance, et qu'ils ont été presque tous achetés, mendiés, ou complaisamment délivrés : ils doivent donc être lacérés publiquement. Je sais bien que l'attestation sincère d'un médecin intègre, qui a vu et traité un malade, peut lever des doutes et fournir des éclaircissemens utiles dans certains cas ; mais les avantages sont trop peu de chose en raison des inconvéniens. Ces certificats officieux et banals, ceux délivrés surtout par les chirurgiens et les médecins de campagne, outragent quelquefois si ouvertement la vérité, par leur sens entortillé et leur rédaction mal conçue, qu'ils sont plus nuisibles qu'utiles à ceux qui en sont les porteurs.

Je n'ai eu, en publiant ce Mémoire, l'intention d'accuser personne, ni la prétention d'éclairer mes confrères, qui sont tous aussi pénétrés que moi du sentiment et de l'importance de leurs devoirs, et pareillement animés du désir de bien servir S. M. Je ne pense donc point que le contenu de ce Mémoire puisse donner lieu à aucune interprétation désavantageuse. Mon unique but a été de présenter quelques vues tendant à perfectionner le mode adopté pour le choix des hommes de nouvelle levée appelés au service militaire, de signaler à l'autorité supérieure les abus que j'ai remarqués, et de lui indiquer à la fois la cause du mal et la nature du remède.

Je m'estimerai heureux si ce faible travail obtient le suffrage de MM. les membres du conseil de santé militaire, et de S. E. le Ministre Secrétaire d'état au département de la guerre.

FIN.

A. EGRON, imprimeur, rue des Noyers, n°. 37.